La felicidad sexual

Por

Donald L. Boone

INTRODUCCION

Este libro es ayudar a aquellos que están buscando las correcciones del material sexual en sus envidias a la persona se sentó con ellos puede traer satisfacción sexual. Este es un viejo dilema plagado de que estos hombres, y mujeres por igual sin el principio de los tiempos. La mayoría de las veces el problema de encontrar la mejor persona para el atornillado se puede superar con una cuidadosa elección, y este libro está diseñado para ayudarle a lograr ese. Este libro está montado de forma ligeramente diferente de la mayoría de otros libros de este tipo en el que he comenzado con el primer mes del año, más bien con el Tercer Imperio, lo que es habitual

Hay una cosa que conviene estar avisados ??de ustedes, ya que en frente de usted comienza su búsqueda de la persona que quieres en tu vida por delante para el año. La mayor parte de las importaciones cosa que personalmente durante su búsqueda de alguien, ya que es confianza en uno mismo. ¿Por qué Usted puede pedir confianza en uno mismo, aquí está la razón. Nosotros, como seres humanos tienen miedo al rechazo. Tenemos miedo de que me digan que no son deseables y no lo hace la madre en el que nos está diciendo. Para encontrar el material adecuado, ya que le confianza en uno mismo, porque tienes que hacer preguntas muy personales y que realmente quiere respuestas equitativas y satisfactorias que le ayudarán a hacer su elección.

Lo que más a menudo sucede que, mientras hablamos con los demás en la persona del maná, interpretamos Haga preguntas, de tal que se evite, que se vista de las respuestas negativas. No. Lo que fue traído a su madre. Sin embargo, tan pronto como se está haciendo una elección que involucre a su felicidad y su futuro, debe superar el miedo al rechazo. Se escribe mejor se sentirán decepcionados, de vez en cuando durante su búsqueda, temerariamente a ser infeliz con amargura de haber hecho una elección prudente. Hay que superar el miedo de que me digan, en todo el maná e interpretar de una u otra. "Usted no es deseable, para mí." Para los que eligen mal y hacer un compromiso a la fuerza, uno puede ser feliz o contento, mientras que la otra persona se sienta la descripción de las relaciones de los disturbios. Con el tiempo esto va a terminar como un pueblo separado con ambos mirando de nuevo.

En el asunto de su elección, trate de no mirar el atractivo físico de la persona como la madre en el aspecto físico no lo hará a través del tiempo. Busque su lugar en su comportamiento, cómo él, o ella, trata a los demás. Que hay un problema, si existe, no creo que se puede curar, o aguantar? No se puede. ¿O hay problemas con las drogas que alteran la mente de cualquier tipo, o la toma de riesgos innecesarios. Cualquier comportamiento negativo debe considerarse en serio. Proviene de la forma en que las relaciones se basan la apariencia física en primer lugar, y en el propio sentido del humor es como cualquier otra cosa Imperio. Justo, eso es suficiente? No, no lo es.

Una vez que encuentres a alguien a quien usted está interesado en, y tener suficiente tiempo en su compañía espera haber tomado la decisión de hacerlo personal, superar cualquier miedo al rechazo. Haga las preguntas para usted, ya que que pertenecen a sus deseos, o hacer que las relaciones de declaraciones que se moverá de su interés. La conversación con esta persona a la que se comprometen a tener un carácter muy personal, y puede ser a menudo Blunt dice en términos de la lengua. Blunt, hasta el punto que Haga las preguntas que usted debe traer Blunt respuestas veraces. Ahora es el momento para saber si los seis que les gusta la oración, tal vez seis, Kinky, o disfrutan lo que hacen sexualmente. Si lo hace, ya que es su cuenta, entonces usted puede moverse a lo largo de su trayectoria que tuvo en la búsqueda de la persona que hace el, ya que se realiza. El comportamiento puede ser largo o corto, dependiendo de cómo las relaciones establecidas salga. Por detrás, el más directo se encuentra en el principio, el pronto tendrás las respuestas que Neath. No evite esta parte del descubrimiento de la madre no tímida cómo puede ser, o se inhibe. Esto es crucial para que tu información sea Ora et labora. Créeme.

La lista será proporcionada por usted aquí en la secuencia sobre una base mensual, en lugar precipitadamente en el orden astrológico. Cada persona mencionada tendrá una explicación de por sí solos, ya que genera. El viejo refrán. "¿Cuál es tu signo?" Carrie información Imperio más que podría haber imaginado. La primera sección del libro se ocupa de la naturaleza individual de las personas, la segunda sección se explica cómo averiguar su personalidad, y esto es muy a menudo puede transmitir la información.

Tabla de contenidos

Introducción

1

Aries 03-04, 35
Hombres
Mujeres
Matrimonio
Tendencias naturales
Sugerencias a tener en cuenta
Notas especiales
Fundamentos
Físico
Emoción
Mental

Tauro abril a mayo 0.45
Hombres
Mujeres
Matrimonio
Tendencias naturales
Sugerencias a tener en cuenta
Notas especiales
Fundamentos
Físico
Emoción
Mental

Géminis mayo a junio 0.57
Hombres
Mujeres
Matrimonio
Tendencias naturales
Sugerencias a tener en cuenta
Notas especiales
Fundamentos
Físico
Emoción
Mental

Cáncer de 06 hasta 07 71
Hombres
Mujeres
Matrimonio
Tendencias naturales
Sugerencias a tener en cuenta
Notas especiales
Fundamentos
Físico
Emoción
Mental

Leo julio a agosto 0.83
Hombres
Mujeres
Matrimonio
Tendencias naturales
Sugerencias a tener en cuenta
Notas especiales
Fundamentos
Físico
Emoción
Mental

Virgo agosto-septiembre 0.93
Hombres
Mujeres
Matrimonio
Tendencias naturales
Sugerencias a tener en cuenta
Notas especiales
Fundamentos
Físico
Emoción
Mental

Libra septiembre-octubre 0.105
Hombres
Mujeres
Matrimonio
Tendencias naturales
Sugerencias a tener en cuenta
Notas especiales
Fundamentos
Físico
Emoción
Mental

Escorpio octubre-noviembre 0.116
Hombres
Mujeres
Matrimonio
Tendencias naturales
Sugerencias a tener en cuenta
Notas especiales
Fundamentos
Físico
Emoción
Mental

6

SECCIÓN PRIMERA PERSONAS Esta primera sección se explica cómo cada individuo se siente, o reacciona a su mundo sexual propia. Sin embargo, usted debe recordar que esto no es lo que podría exhibir su personalidad, ya que esa parte de su naturaleza va a alterar sus gustos y disgustos en algún grado. Esta primera sección le dirá una gran cantidad de información útil, tal vez todo lo que sientes que necesitas, pero mirar a través de la sección dos. La segunda sección se explica cómo averiguar la personalidad de alguien así. Una vez que tenga ese conocimiento se puede utilizar la información en el libro para darle una comprensión mucho más clara de la persona que está tratando. La primera sección será útil para encontrar a la persona que quieres en el comienzo, la segunda sección le ayudará a comprender plenamente la persona que haya encontrado.

✮

Enero-febrero
HOMBRES
ACUARIO

El hombre de Acuario es un hombre que rara vez se encuentra para ser una persona aburrida y nunca se sabe lo que está a punto de tener lugar el próximo en la vida mientras se encuentra con este hombre. Este es alguien que piensa en el futuro, y muy por delante de la mayoría de los demás. Este es posiblemente uno de los hombres más atractivos en busca del zodíaco. Este hombre puede llevarlo a un lugar de comida rápida para el almuerzo y luego un lugar muy agradable para la cena. Usted puede estar en una película para el entretenimiento de la noche, o tal vez teatros vivos, incluso un museo. Tal vez usted podría encontrarse en un planetario para algo muy diferente de la clase normal de entretenimiento. Este individuo inusual puede llorar durante un comercial de televisión de treinta segundos, y parece frío y distante con los demás al día siguiente.

A pesar de que pueden ser raros, esto puede ser una persona tímida, y él puede disfrutar de la soledad. Él es muy independiente, autosuficiente, y se rebela contra la norma como una cuestión de un curso normal. Por lo tanto, cuando se trata de esta persona como un amante puede sentirse libre de experimentar y usar su imaginación. Para ello podría producir algunas experiencias amorosas muy agradables y memorables. Tal vez para los dos. Sea consciente de ti mismo con este hombre como él te mostraré las cosas acerca de ti mismo que nunca fueron conscientes de antes. Si lo vas a dejar y tener la mente abierta, que puede sorprender sexual. Como este hombre va a encontrar placer en darle placer. Usted ganará más auto-gratificación por aprender a darle placer, así, y no seas tímido. Él va a disfrutar si usted hace la primera jugada. Acuario no son conocidos por ser altamente sexual, sin embargo, si Venus está en Acuario, Capricornio o en el momento de su nacimiento, usted podría encontrarse con un animal sexual. Cuando usted duerme con este hombre, se puede esperar en la pierna que en la suya durante la noche, o la mano de catación su seno.

✭
MUJERES
ACUARIO

Esta mujer no está impresionado por el gran deportivo de hombros anchos tipo de hombre, como ella prefiere a los hombres que muestran un personaje interesante, y tal vez aquellos que parecen un poco culta. No le importa si un hombre realmente tiene el sex appeal evidente a medida que más a menudo ve el verdadero hombre para quién, y lo que es. Ella es alguien que puede despertar el apetito de los hombres que saben acerca de las mujeres. Esta es una de las mujeres más liberadas sobre temas sexuales que alguna vez pueden cumplir.

Ella puede unirse a cualquier conversación y pronto puede estar en control de la discusión, o el tema de la discusión. De vez en cuando puede parecer, y puede ser, egoísta y arrogante. Sin embargo, ella tiene la inteligencia que lo respalde. No importa si ella es el centro de atracción, o incluso si ha sido colocada allí por los demás. Usted verá por su propia naturaleza a menudo se le presenta en el escenario. Usted nunca puede saber quién es esta mujer de semana en semana. Ella podría ser uno de los sesenta, hippie tipo de un día, y una mujer bien hablado de clase alta de la calidad de la siguiente. ¿Tiene esta mujer tiene la moral, en absoluto, así al menos hasta que se interponga en su camino. Si su matrimonio o relación es el sufrimiento, que puede encontrarse a sí misma interesada en otros hombres, los hombres que son intelectualmente atractiva. Usted debe entender, esta mujer es un socio muy dedicada, pero, ella no confunde el amor y el sexo, porque ella es muy consciente de que son dos cosas diferentes. Acuario no son conocidos por ser altamente sexual, sin embargo, si Venus está en Acuario, Capricornio o en el momento de su nacimiento, usted podría encontrarse con un animal sexual en sus manos. Cuando usted duerme con esta mujer, usted puede encontrar a su mano que sostiene en que, a la espera de cualquier agitación que podría tener lugar. Si quieres entretener a esta mujer, es mejor esperar a estar haciendo algo diferente, algo inusual, y algo que está fuera del ámbito de lo que se considera que es la norma. A modo de ejemplo, donde se puede tomar una mujer para una película, se toma a la mujer de Acuario a un espectáculo en el Planetario. ¿Dónde vas a dar un paseo con otras mujeres, de tomar esta vela mujer. Creo que te haces una idea.

MATRIMONIO

Esto puede ser un cónyuge exigente. Si esta es tu pareja puede haber tomado él o ella, algún tiempo para encontrar, porque a menudo la búsqueda de sus compañeros. Los sabios no se apresure a contraer matrimonio. No se apresure, porque son demasiado exigentes. Una vez casado con la pareja correcta, será uno de Acuario rara a vagar de la cama matrimonial. Esto puede ser debido a que son a menudo muy ocupada cuidando de todo el mundo. Puede haber problemas con esta persona como su pareja, algunos de los que son los siguientes.

Este signo solar no le gusta trabajar duro. Es por esta razón es por eso que hay más inventores de este grupo que cualquiera de los otros signos solares. Inventan cosas para que no se tiene que trabajar tan duro. Se va sin lugar a dudas que este es un humanitario. Esta persona va a estar tan ocupado haciendo el bien, que la familia de su propio pueden carecer de parte de esta actitud de cuidado en casa. Pueden cometer errores, por supuesto que no, sólo a uno de ellos. Bueno, ninguno que se admiten, sobre todo si tienen algunos planetas en Virgo. Otro factor con este signo solar, que se encuentran a menudo en las relaciones interraciales.

El macho de este signo solar, puede tener un ojo errante por el sexo opuesto. A pesar de que no se puede tener la tendencia a tener una aventura imprudente, lo hará. Prefiere, si es posible, lo convierten en un marco jurídico unirse.

TENDENCIAS NATURALES

Algunos piensan que Acuario no son un signo del sol excesivamente sexual, sin embargo, los acuarianos que tienen a Venus en los signos de Acuario o Capricornio, son muy conscientes de sus necesidades sexuales. Si el planeta Venus debe caer en su primera casa, su deseo sexual puede estar más cerca a la adicción. Esta es una condición en que viven sus vidas enteras, y es en su mente constantemente. Cuando la edad o cualquier otro factor que golpea abajo de su capacidad sexual se les vuelve locos. Ellos saben que no puede seguir desempeñando en el dormitorio como lo hicieron en el pasado, pero en sus mentes todo sigue así, y continúa el impulso sexual.

Se trata de una persona que le gusta ser visto desnudo. Si usted es esa persona, es posible que desee considerar los signos solares nacidos entre octubre y marzo. Estos signos solares pueden tener similares necesidades sexuales como usted. Durante estos meses de Venus se encuentra en Aries, que ser agresivos en la búsqueda de su compañero sexual, que puede mantenerse al día con ellos. Venus en Escorpio puede producir un gran apetito sexual, casi hasta el punto de ninfomanía.

Venus en Capricornio es una necesidad social sexual que no es que esto puede ser alguien que quiere hacer el amor a cada uno en su círculo social. Un acuario es también alguien que quiere amar a todo el mundo y pueden tratar de hacerlo.

Este podría ser el signo del sol que se inició la idea de tener un harén para alimentar el apetito sexual. A través de los años como un joven de este signo solar se entera de cómo tratar al sexo opuesto, la actitud con encanto, el carisma de todos se convierten en maneras de seducir al sexo opuesto en la cama. Aun cuando en una relación, de cualquier tipo, esto es alguien que puede encontrarse en la cama con otra persona.

SUGERENCIAS A TENER EN CUENTA

Se ha dicho que los signos de aire, Géminis, Libra y Acuario se lleva bien con nadie, y básicamente esto es cierto. Sin embargo, cuando eligen a un compañero que es también un signo de aire rara vez son verdad el uno al otro, sobre todo porque la relación es, en cierto sentido, domesticar. Sin embargo, si las dos personas que tengan el planeta Venus en el mismo signo en el momento del nacimiento, su punto de vista sexual es a menudo el mismo. Esto se puede lograr la armonía sexual y con este puede venir satisfacción sexual. Acuario puede llevarse bien con un Aries, pero Aries tendrá que ser el uno para prender el fuego sexual de la quema de Acuario. Lo mismo sería cierto para un signo Leo dom involucrado con un Acuario. A Sagitario es otra buena señal para el acuario de involucrarse con.

Si usted ha nacido en este signo solar, y una persona muy sexual, es posible que desee considerar la posibilidad a los nacidos entre octubre y marzo ya que es la época del año cuando Venus está en los signos solares destacan por la adicción de ningún tipo. La adicción sexual no es diferente a cualquier otro tipo de drogas que alteran la mente.

Si encuentras a alguien a su gusto no hacen un compromiso a largo plazo hasta que esté seguro de la relación se resolverá a su satisfacción. Usted también debe estar seguro de que son capaces de satisfacer sus necesidades también. Usted no tiene que prestar atención a los signos solares recomendadas para cada grupo a encontrar esta lista en este libro, pero la historia nos dice que es mejor.

NOTAS ESPECIALES

Este suele ser el signo más atractivo del zodiaco, pero este atractivo natural tiene sus propios problemas. Debido a la belleza de este signo, tanto hombres como mujeres son, en cierto sentido miedo de ellos. No como seres humanos, sino porque piensan que de este signo como más allá de ellos. Nosotros, como seres humanos tienen miedo al rechazo. Para hacer a esta persona en una fecha o de tiempo en privado juntos, muchas veces hacer que el sexo opuesto se sienten inadecuados. Es como si esta persona está más allá de nuestro alcance. Nada puede estar más lejos de la verdad. La belleza física viene con una etiqueta de precio, así que de quedarse solo. Debido al temor del rechazo por parte de otras personas, esto puede ser una persona solitaria y que se les antoja relaciones. En realidad, este es probablemente uno de los signos más fáciles de abordar el sol para reunirse.

Acuario son conocidos por ser altruista, humanitaria y por la naturaleza. En general, amar a la humanidad. En realidad, esto va un poco más que una generalización, ya que es la mayoría de los acuarianos no aman a un árbol en el bosque, les encanta todo el bosque. Es la misma condición con el sexo opuesto. Su mentalidad abierta que les permite experimentar muchas vías de exploración sexual. Esto puede suceder por la insistencia de una pareja sexual que quiere enseñarles nuevas maneras de disfrutar. Lo que otros piensan de como, 'Morbo' puede ser

19

aceptado por un Acuario como algo perfectamente normal. Se trata de una persona que le gusta ser visto desnudo. Hasta el punto que puede parpadear sus partes privadas, o simplemente por accidente se dejan ver de alguna manera. Esto les convierte en sexual.

Acuario no son diferentes de muchos otros signos del zodíaco en el que puede ser bastante ruidoso cuando están haciendo el amor, sobre todo cuando llegan a su punto máximo y el clímax. Para hacer el amor fuera es una experiencia estimulante para ellos también y pueden encontrar que experimentan orgasmos más intensos a la intemperie. Es como si se están exhibiendo para cualquiera o todos lo vean. Este es uno de los signos solares que pueden caer en un grupo que se convierte en adicto al sexo. Si este es el caso, será una cosa común que masturbarse. Tal vez todos los días. Como alguien que disfruta el sexo mucho, el sexo oral es un método natural de placer sexual. Recibir de, o la concesión a un compañero. La pornografía, o historias pornográficas, será un gran giro sexual para ellos, sino que trae la necesidad de gratificación poco después. Decir que son promiscuos puede ser errónea, pero puede suceder. Si en el momento del nacimiento, Venus estaba en los signos de Capricornio o Acuario, pueden tener una necesidad continua de la satisfacción sexual.

Si usted es amante de un signo dual, o su signo opuesto, como un Géminis / Sagitario, o Virgo / Piscis, no esperes a ser su único amante. Dos signos significan también, las relaciones duales. Este es alguien que puede involucrarse en relaciones incestuosas, incluso si no son ellos, que les inicie en este camino.

FUNDAMENTOS
ACUARIO

Este signo solar tiene una marcada influencia en la undécima casa en un horóscopo. Esta es la casa de los amigos. Esta persona es el hacedor del bien hacer, el chico bueno y humanitario. Un Lo curioso de este signo solar es el hecho de que en casi todas las relaciones interraciales una de las dos personas será de este signo solar, o lo tienen en el ascendente, que es la personalidad. Una muestra del sol el cáncer es otro que se encuentra en las relaciones interraciales. Acuario están regidos por el planeta Urano, que produce constantes cambios de algún tipo.

Esto será algo diferente de lo que la mayoría de los que otros considerarían como diferentes. Si, ya sabes una de esas personas que se encuentran a menudo que nunca ha conocido a alguien como antes, ni habrá otro muy parecido al que ustedes conocen ahora. Una nota final aquí, ellos no aman a un árbol, les encanta todo el bosque. Se necesita un buen compañero para ayudarles a echar raíces.

CARACTERÍSTICAS FÍSICAS
ACUARIO

Tienen una frente ancha, pero no excesivamente grandes, los ojos son expresivos y establecer ampliamente. Tienen una buena complexión, aunque sus dientes son a menudo defectuosos. Sus cabellos grises temprano y tienen una boca y la barbilla, que son atractivas. Se trata de una persona que tiene la belleza física considerable, y son vivaces.

CARACTERÍSTICAS EMOCIONALES
ACUARIO

La naturaleza emocional y compasivo es muy fuerte, pero en los tipos negativos de Acuario no es muy profunda. Estas son personas alegres, excitables con una disposición amable. Son muy querido, amable y altruista. Son básicamente interno, sino cambiante. También son un poco convencional, el grupo temperamental, preocupante.

Características mentales
ACUARIO
Inventiva, intelectual y aficionado a la literatura y la ciencia. Son diplomáticos, tolerante, razonable, independiente y discreta. Continuo optimismo, algunas opiniones humanitarias, pero fijo, previendo muy por delante de otros, pero pueden llegar a confundirse en una emergencia tal vez puede ser superficial a veces.

✶

Febrero-marzo
HOMBRES
PISCIS

Puede haber algunos momentos inusuales que pasó con este individuo, y no se equivoquen que puede ser de mal humor. Mira de cerca y usted podría ser capaz de ver sus estados de ánimo cambian en el fondo de sus ojos. Habrá momentos en la vida cuando él parece saber lo que va a pasar antes de que se lleva a cabo. Este hombre puede pasar desapercibido por los demás a menudo debido a su capacidad para crear una sensación en los demás que no existen en su presencia, como si invisibles.

Se podrá disfrutar del agua, y que viven alrededor, o incluso en ella, ya que tiene un efecto calmante sobre él. Ir de pesca, se borrarán todos y drene toda la tensión o las preocupaciones de su mente. Él puede ser muy social, o una especie muy aislada de la persona. Esto es a menudo el único hombre a quien la gente habla demasiado de sus propios problemas. Su implicación física están en sintonía con el de su implicación emocional. Puede mezclarse en cualquier tipo de situación de amor sólo para estar más cerca de su compañero.

Este hombre tiene que ser siempre conscientes de su compañero, y de sus intenciones, especialmente hacia él, ya que puede perderse en la relación.

★

MUJERES
PISCIS
No es raro que a esta mujer para ser
sexualmente exigente e impredecible en sus
necesidades sexuales. Esas necesidades pueden
variar de día a día, y los diferentes estados de
ánimo pueden aparecer y desaparecer. A veces
se puede tener grandes deseos sexuales por
mes, entonces puede prescindir durante un
período de tiempo. Esta condición puede conducir
a ella, y su compañero, a una relación difícil. Ella
puede con la misma facilidad vivir en un mundo
de fantasía, y puede que no se atreven, o tienen
miedo de dejar que la realidad de la vida.

El hombre que tiene una imaginación, y es de
carácter exploratorio, tiene una buena
oportunidad para ganar esta mujer. El hombre
correcto puede encontrarse a sí mismo con una
esclava sexual, o, ¿se convertirá en la esclava
sexual durante su vida sexual? A veces se puede
ser lento para probar cosas nuevas, pero una vez
que encuentra el placer en ellas se convertirán en
más de su gusto. Esto realmente puede ser la
prostituta en el dormitorio, y la doncella tranquila
en la sala de estar. Usted encontrará que le gusta
manos de un hombre a explorar sus senos y ella
puede hacerlos fácilmente disponibles para este
propósito. Esta es también una persona que le
gusta ser visto desnudo. Hasta el punto que
puede parpadear sus partes privadas, o
simplemente por accidente se dejan ver de

alguna manera, ya que los convierte en sexual. Si usted se convierte en su compañero en primer lugar, usted debe saber que puede descubrir que no son lo que ella pensaba que eran al principio. Si esto sucede, usted se convertirá en una historia. Si usted es su segundo de a bordo, que tienen una mejor oportunidad de supervivencia como su compañero, pero hay que aceptarla tal como es. Usted no debe ofrecer ningún rechazo de ella, o también, puede también convertirse en historia. No es que ella no puede tomar el rechazo, que puede, pero hay que hacerlo de una manera constructiva.

MATRIMONIO

Puede parecer que un Piscis se casará con ningún signo solar y el poder que ellos, pero es una necesidad para este signo solar para casarse correctamente para alcanzar la felicidad conyugal. Ellos necesitan a alguien que entienda su sensibilidad y su día soñando con cosas mejores por venir. Incluso si no se llevan a cabo. Construyen castillos en el aire, ya que tienen un pastel en la actitud del cielo. Para aquellos que se casó este signo solar se encuentra que sólo ser un Piscis puede ser una maldición como su estado emocional puede ser un sin sentido y lleno de emociones sin fin. Sin embargo, este signo solar es probablemente uno de los signos del sol la mayor parte de caridad de todos.

Algunos de los problemas que tiene con este signo solar, como su compañero son los siguientes. Esto no es siempre el caso, pero esto es un signo del sol que puede producir problemas con la bebida, o un usuario de drogas que alteran la mente. Esto puede conducir a varios problemas, tal vez a menudo alejarse de la cama matrimonial, por no hablar de las adicciones que pueden encontrar.

Si tienen Venus en Acuario, usted tendrá que cuidar de su dormitorio tiene también.

Esta es una persona similar a la del Cáncer, Escorpio o signos de Sun, en el sentido de que se parecen estar sufriendo de alguna manera. Ellos pueden sufrir de lo que quieran cuando la excusa que se necesita. Usted nunca puede saber lo que va a ser que sufre, cómo puedes saber, no lo sé. El cáncer va a llorar, Escorpio se te culpo, pero Piscis no sabe quién es la culpa.

TENDENCIAS NATURALES

Este es alguien que huele a sex-appeal y puede tener una forma obsesiva de pensar en el sexo. A menudo, al hablar con un Piscis se da cuenta de una propuesta abierta en cuanto a tener un interludio sexual, pero sin tener que haber dicho las mismas palabras. Es una ilusión que son capaces de crear, y no, no practican esta forma de hablar que sólo les llega de forma natural. Esto deja abierto un pretendiente para hacer un avance sin lugar a dudas, o el rechazo. Piscis son buenos amantes y necesitan amor a cambio. Se trata de una persona que los demás se aprovechen de, es como si se crea una mentira en su propia opinión sobre la persona que los está utilizando, como si esa persona es puro de corazón y la inocencia de dañar a otros. Los Piscis puede aparecer como si fueran los más grandes amantes a venir. La ilusión es que le proporcionará un tiempo en la cama que nunca soñó con ser posible, y pueden tener éxito en ello. A menudo hay una cara de la señal de que va sin muescas, pero parece que va mejor con un amante que proporciona una cierta dominación sobre ellos.

SUGERENCIAS A TENER EN CUENTA

Los signos de agua, Cáncer, Escorpio y Piscis son un grupo de personas muy emocionales pf. También pueden tener dificultades para expresarse sobre una base sexual a menos que tengan la pareja correcta. Sobre todo si en una relación con otro signo de agua. Sin embargo, si las dos personas que tengan el planeta Venus en el mismo signo en el momento del nacimiento, su punto de vista sexual es a menudo el mismo. Esto se puede lograr la armonía sexual y con este puede venir satisfacción sexual. Piscis encontrará un Tauro muy de su agrado. A medida que el hacer el amor por un Tauro puede ser muy estimulante, que será a menudo sus intereses poco usuales en las relaciones sexuales que puedan plantear un Piscis. Como Piscis disfruta de un enfoque en las manos, van a encontrar un Virgo es un buen compañero. Como Virgo es bueno con el manejo y acariciar a su pareja. No es inusual para un Piscis para encontrar una buena relación con un Capricornio como un amante y compañero.

Si usted es una persona muy sexual, es posible que desee considerar la posibilidad a los nacidos entre octubre y marzo ya que es la época del año cuando Venus está en los signos solares destacan por la adicción de ningún tipo. La adicción sexual no es diferente a cualquier otro tipo de drogas que alteran la mente. Si encuentras a alguien a su gusto no hacen un compromiso a largo plazo hasta que esté seguro de la relación se resolverá a su satisfacción. Usted también debe estar seguro de que son capaces de satisfacer sus necesidades personales. Usted no tiene que prestar atención a los signos solares recomendadas para cada grupo a encontrar esta lista en este libro, pero la historia nos dice que es mejor.

NOTAS ESPECIALES

Un signo de Piscis sol es alguien que sueña con muchas cosas en la vida. El sexo no es diferente. Como signo solar de doble Piscis se encontrarán teniendo en cuenta más de una pareja sexual al mismo tiempo. Quizás al mismo tiempo, y no necesariamente del mismo sexo. Este es un signo del sol que está muy familiarizado con la promiscuidad y eso no quiere decir que esperan se encuentran en una relación a largo plazo. Esto es más común de lo que muchos podrían pensar, y Piscis no es algo de lo que avergonzarse, el goce sexual ocurre de muchas maneras. Ellos disfrutan de la estimulación sexual a través de la visualización, o la lectura de material pornográfico y si no tienen una pareja sexual en el momento, se masturban para lograr la satisfacción de un clímax. Es por eso que muchas mujeres de este signo solar tienen juguetes sexuales, como un consolador y lo más probable que una vibra. ¿Disfrutan del sexo oral, sin lugar a dudas que lo hacen. Parece que realmente disfrutar de una pareja sexual que habla desagradable para ellos, sobre todo mientras que en el propio acto sexual. No importa donde sea, un comentario susurrado en su oído que alude a la. De llevarlos a la cama, es una vuelta en Si en el momento del nacimiento, Venus estaba en el signo de Acuario, esta persona puede tener una necesidad continua de la satisfacción sexual. Aun cuando en una relación de ningún tipo, esto es alguien que puede encontrarse en la cama con otra persona.

FUNDAMENTOS
PISCIS

En la astrología, Piscis está gobernado por Neptuno, el planeta de la ilusión. Uno nunca puede saber quién es esta persona realmente es. El problema que muchos tienen de Piscis es, en realidad, incluso a sí mismos a sabiendas. Alquiler de verdades se ocultan a menudo, o revelada por este planeta, ya que rige la casa duodécima de las cosas ocultas o invisibles. El planeta Neptuno reglas de Piscis y se crea la ilusión, o las fantasías de la persona de Piscis para disfrutar, o incluso puede ser necesario para la estimulación. Todo lo que trae en un estado que altera la mente de la mente. Cuidado con las drogas alterna absolutamente se debe evitar por esta persona. Escape no es lo que necesitan. Ellos necesitan la realidad.

CARACTERÍSTICAS FÍSICAS
PISCIS

Muy a menudo tienen una tez pálida y sus ojos son a menudo un color azul claro o de color claro y con gran profundidad. Es como si usted puede mirar profundamente dentro de ellos sólo mirar a los ojos. Sus cuellos son a menudo cortos con el pelo oscuro en la cabeza y así en forma de labios que hacen sonar su cara. Su postura no puede ser bueno, ya que puede parecer que ha encorvado de hombros y un pie extraño.

CARACTERÍSTICAS EMOCIONALES
PISCIS

Las emociones pueden parecer ser inhibido, aunque puede parecer de esta manera, ya que es una persona sensible e impresionable. Piscis suelen tener una capacidad psíquica que puede ser mal interpretado. La mayoría de ellos se presta atención a sus presentimientos y actuar en consecuencia. Este es también un "pobre de mí Ver sufrir." Signo del sol, a menudo sufren de melancolía.

Características mentales
PISCIS

Teórica, intuitiva, compasiva, introspectivo, y rápido en entender las cosas. Son filosóficas, religiosas a menudo o involucrados en algún tipo de culto. La clarividencia es de hecho posible. Son versátiles, hablador, poco práctica a menudo, bien en postergar las cosas, y pueden carecer de la confianza.

✫

Marzo-abril
HOMBRES
ARIES

Estos son los hombres agresivos y asertivos. Si estas personas que usted elija, que te perseguirán sin descanso. Cuando usted es su elegido, este hombre está interesado en los resultados de lo que no debe esperar una gran cantidad de juegos preliminares antes de tiempo. Para este hombre de un encuentro sexual es una cuestión de impulso repentino, él no puede realmente comenzar a buscar un amante, pero cuando la encuentra, él quiere que ella en ese momento. Se aprecia a una mujer que le permite saber cuando se puede tener, pero él será el compañero dominante.

Los hombres de Aries tienden a buscar más débiles las mujeres, que pueden impresionar con su masculinidad y las mujeres se pueden proteger. Para el entretenimiento, este hombre le llevará a los eventos que puedan requerir audacia de su parte.

Tales como el rafting, puenting, rodar, cuatro en un jeep con los chicos, paracaidismo, ala delta y cualesquiera otras actividades análogas. Si se retiran, un gato miedoso, o tiene miedo de hacerse daño, quedarse en casa. Por supuesto, es posible que esto es lo que le ha atraído hacia usted, o usted a él. Si usted es una madre soltera con hijos, es necesario preguntarse a sí mismo, son sus hijos se atreven los demonios, o que prefieren la tranquilidad de la buena música, un libro, o el teatro local.

★

MUJERES

ARIES

Estas son las mujeres que poseen una fuerte
personalidad, a pensar en esto como una mujer
Namby pamby es un error. Esto no es una mujer
de cualquier hombre puede conseguir junto con.
Es porque esta mujer no se va a tratar de ser tu
igual, que es su igual. Unos pocos que la conocen
se la llame. "Bossy". Ella es inteligente, y puede
trabajar en la tierra, y entonces ella se preguntará
por qué no puede mantenerse al día con ella.
Después de todo, ella es sólo una mujer.

Usted probablemente se sentirán atraídos por su
magnetismo personal y carisma, pero usted debe
recordar que no se detendrá para cuidar de ti.
Ella tiene cosas que se hacen en su vida y rara
vez se la cintura el tiempo en cosas triviales,
aunque los hombres débiles. Si esta mujer quiere,
las probabilidades son que ella te tiene.

Entonces, si no dan la talla, ella te descartan con
la misma rapidez. Si ella comienza una discusión
con usted, será para ver si son lo suficientemente
fuertes para hacer frente a ella, si la cueva en la
piedad, se pierde. Esta mujer le puede pedir que
el punto en blanco si quieres ir a la cama con ella,
y las probabilidades son que esto no es una
prueba. O lo haces o no lo hace. Puede
sorprender a los hombres que pueden ser
contundente en su enfoque, pero esa es la forma
en que se comporta cuando se siente la

necesidad. Se podrá invitar a un hombre de su interés a experimentar una especie de aventura atrevida. Si vacila, ella sabe que él puede ser demasiado débil para ella y ella no va a perder más tiempo en su búsqueda de este hombre.

MATRIMONIO

Algunos de los problemas que tiene con este signo solar como su compañero, son los siguientes. Este es alguien que puede caer en el amor rápidamente, y se caen con la misma rapidez. Ellos pueden mostrar una racha de celos que no sabía que estaba ahí antes de que los casó, pero se puede encontrar si el Aries piensa que usted está haciendo demasiado amistosa con nadie más. Si hubieran estado casados ??antes de venir a lo largo, las probabilidades son que eran. Las probabilidades son que se casó de nuevo después de haber dejado su cama matrimonial.

Esta, es una persona que vive por y para el riesgo de algún tipo. A pesar de que no se puede pensar en su camino elegido como tan peligroso. Aunque usted, o yo, no trate de hacer lo mismo. Este es un signo más fácil para los hombres que para las mujeres. Los hombres necesitan un compañero más débil, que se conforma con permanecer en segundo plano. Una mujer Aries es a menudo demasiado fuerte para la mayoría de los hombres, pero que necesita un compañero fuerte. No es un compañero de su regla, y no todo el tiempo de todos modos, pero a un compañero que puede hacer frente a ella, y mantener la suya.

TENDENCIAS NATURALES

Aries que tiene Venus en los signos de Aries, Tauro, o incluso puede tener fuertes deseos sexuales. Si este planeta debemos caer en su primera casa, que es la casa de nuestro cuerpo físico, su deseo sexual puede ser uno para producir una necesidad constante. Este es uno de los signos solares, que también pueden caer en un grupo que puede llegar a ser adicto al sexo. Esta es una condición en que viven sus vidas enteras, pero tiene algunos problemas con él también. Un Aries tiene la tendencia a saltar en las relaciones antes de esa fecha debería. Si no tienen un amante que pueden satisfacer sus necesidades, que abandonará la relación tan rápido como entraron en ella, no importa cómo la otra persona siente. Esta persona puede desear considerar los signos solares nacidos entre octubre y marzo. Estos signos solares pueden tener similares necesidades sexuales.

Durante estos meses de Venus se encuentra en Aries, que ser agresivos en la búsqueda de su compañero sexual, que puede mantenerse al día con ellos. Venus en Escorpio puede producir un gran apetito sexual, casi hasta el punto de ninfomanía. Venus en Capricornio es una necesidad social sexual que no es que esto puede ser alguien que quiere hacer el amor a cada uno en su círculo social. Un acuario es también alguien que quiere amar a todos, y pueden tratar de hacerlo.

SUGERENCIAS A TENER EN CUENTA

Los signos de fuego, Aries, Leo y Sagitario son muy apasionados, pero cuando se aparean con otros signos de fuego no es una batalla constante en curso por la supremacía entre los dos. El choque que se produce entre ellos por lo general los echaré de distancia. Sin embargo, si las dos personas que tengan el planeta Venus en el mismo signo en el momento del nacimiento, su punto de vista sexual es a menudo el mismo. Esto puede traer armonía sexual, y esto puede venir satisfacción sexual una vez que entienden quién es el jefe en la relación. Aries se lleva bien con los signos de aire. Puede ser debido a que los signos de aire a menudo necesitan el empuje que un agresivo Aries es conocido.

Si usted es una persona muy sexual, es posible que desee considerar la posibilidad a los nacidos entre octubre y marzo ya que es la época del año cuando Venus está en los signos solares destacan por la adicción de ningún tipo. La adicción sexual no es diferente a cualquier otro tipo de drogas que alteran la mente. Si encuentras a alguien a su gusto no hacen un compromiso a largo plazo hasta que esté seguro de la relación se resolverá a su satisfacción. Usted también debe estar seguro de que son capaces de satisfacer sus necesidades también. Usted no tiene que prestar atención a los signos solares recomendadas para cada grupo a encontrar esta lista en este libro, pero la historia nos dice que es mejor.

NOTAS ESPECIALES

El signo de Aries sol es uno de una firmeza natural. Cuando deciden que quieren a alguien como un amante, puede ser difícil para ellos renunciar a la persecución, incluso cuando sea necesario. Hay un viejo refrán que dice es posible que desee tener en cuenta. Dice así. "No perseguimos a alguien que no quieren ser atrapados". Aun cuando en una relación, de ningún tipo, es alguien que puede encontrar de repente en la cama con otra persona.

No importa qué sexo eres, hombre o mujer, un Aries le gusta estar a la persona en la parte superior de la posición del misionero. También puede ser una muy verbal, o un amante del ruido cuando llegan a su punto máximo y el clímax. A pesar de muchos signos solares a hacer el amor a cualquier hora del día, Aries prefiere hacer el amor en las mañanas. Y, cuando se masturban, lo más a menudo en la cama por las mañanas así. Las mujeres de este signo solar a menudo disfrutan de los juguetes sexuales, tal vez con algún interés en los métodos de los amantes de la restricción, como por ejemplo con las esposas o una cuerda suave.

Si usted es amante de un signo dual, o su signo opuesto, como Géminis / Sagitario, o Virgo / Piscis, no esperes a ser su único amante. Signos duales significa también, las relaciones duales.

FUNDAMENTOS
ARIES

Se trata de alguien que cobra de cabeza a los que se oponen a ellos y no se preocupa de ganar o perder, y tal vez puede haber algo de preocupación por la pérdida. Principalmente debido a que rara vez sucede. Se trata de una persona agresiva, arrogante, agresivo, atrevido y sin miedo. Aries controla la primera casa en el cuadro básico de parto, la del cuerpo físico, y esto puede ser una persona atrevida. Por eso, cuando esta persona tiene los planetas en este signo, los planetas también se mostrarán las tendencias asertivas mismos. Alguien con Venus en Aries es una persona que no está dispuesto a tomar "No" por respuesta. El hombre, o mujer. Si se trata de alguien que quiere a otra persona físicamente, es muy probable que tenga éxito en tener a esa persona. Mercurio en Aries podría producir una persona que no piensa en términos de hacer las cosas de la manera fácil, sólo para cumplir la tarea. En el mundo de los negocios es la persona que hace las cosas, y gana el respeto de los de arriba, y debajo de él, o ella. No importa el caos que puede haber apenas evitado a través de un movimiento arriesgado.

CARACTERÍSTICAS FÍSICAS
ARIES
Ellos tienen el cuello largo y un rostro anguloso, con pómulos altos y con una barbilla estrecha. Sus ojos son a menudo gris o marrón. Su pelo puede ser rojo, arena, incluso, o de color oscuro, tal vez el adelgazamiento en los últimos años. En muchos casos, tienen bocas finas al hablar o sonreír, pero sus labios también puede estar llena.

CARACTERÍSTICAS EMOCIONALES
ARIES
Este es un valiente, persona entusiasta, imaginativo y enérgico. Son fáciles de excitar y son impulsivos, aventureros, en general, que se atreven. No espere que se trata de un nacional del país. Pueden ser apresurada, brusco, agudo apasionado e irascible. En la medida en que puede ser excesiva, y quizás violenta.

Características mentales
ARIES
Este es un emprendedor, pionero, persona segura de sí, ingenioso. Además, científicos, de exploración, independiente, oportuna, precisa, progresiva e intolerante de la religión, agresivo, competitivo y dictatorial. Cuando usted tiene algo que quiere hacer, darle a esta persona, no importa lo ocupados que estén. Les encanta el desafío.

✫

Abril-mayo
HOMBRES
TAURO

La honestidad es un factor importante con este hombre, y es posible que la mayoría de las formalidades sociales parecer aburrido para él. Puede ser un gastador frugal, pero que adquirirá las cosas que él desea. Él va a conducir un coche muy bueno, usar ropa cara y podrían tratarlo generosamente al menos en el comienzo de su relación. Después de que el noviazgo es más sin embargo, es probable que vea un cambio en sus hábitos de gasto, ya que el hombre no adquiere la riqueza por el gasto de la misma. Cuando estos hombres están dispuestos a hacer el amor, que quiere hacer el amor en ese momento, ellos no quieren hablar de ello en primer lugar.

Lujurioso es probablemente una buena palabra para describir a este hombre. Se puede controlar de una manera con el uso de afecto. A medida que esta tribunales compañeros de usted, podría ser un bocado rápido en un lugar de comida rápida, o podría ser la cena en un restaurante muy elegante. Usted no puede saber que será hasta que llegue. Las posesiones tienen un gran significado a esta persona.

Puede haber una tendencia a que este hombre para ahogar a su compañero con su presencia, y sobre su protección también. Después de todo, ella también se convertirá en una posesión. Esta es una persona muy independiente, y muy apegado a sus formas.

✯

MUJERES
TAURO

Una mujer Tauro necesita un hombre que es estable, inteligente y lleno de energía. Él tiene que ser sensible a sus necesidades y poseer una buena imaginación. Va a necesitar un buen sentido común, y ser capaz de proveer para su bienestar. Él debe entender que esta mujer necesita una seguridad financiera. El hombre que patrocina esta mujer no llegará muy lejos con ella. Ella es demasiado fuerte para eso.

El hombre de su elección nunca olvidará un cumpleaños o un aniversario de ningún tipo. El la abrazo, consolarla, y felicitarla cuando se merecía. ¿Será una mujer celosa, lo más probable? Esta es una mujer tranquila, que está compuesta, que parece como si el tiempo no tiene fin. Sin embargo, cuando se mete en el dormitorio que puede convertirse en otra mujer por completo. Cuando esta mujer decide que usted es su próxima conquista sexual, no se espera que sea una sesión rápida. Para satisfacer sus necesidades puede tener una sección de su día. Al igual que toda la mañana, o tal vez toda la tarde, o toda la noche. Tal vez las tres cosas. Una mujer Tauro es un artista de varias maneras. Puede ser pintura, pluma y tinta dibujos, cerámica, escultura, o lo que sea, pero en la cama ella es de hecho un artista. A ella le gusta acostarse con un hombre porque se siente bien y es una cosa natural. Usted encontrará que le gusta manos de un hombre a explorar sus senos y ella puede hacerlos fácilmente disponibles para este propósito. Ella tiene la capacidad de seducir a los hombres a través de muchas vías. Podría ser los vestidos de corte bajo que ella usa, lo que permite a los hombres a mirar hacia abajo sobre su escote, tal vez incluso una visión completa de sus pechos. Se trata de una mujer que puede tener los pechos tan grandes que causan sus problemas físicos y algunos de ellos consideran que la reducción de senos para aliviar la carga que llevan. Los hombres rara vez se cansan de ver sus caderas mientras camina, porque ella es buena en este tipo de seducción también. O bien, que es la forma en que cruza las piernas, o tal vez sus ojos dormitorios. Para responder a esta mujer, acariciar a ella en la culata, darle un beso en el cuello, y tocarla en algún lugar, en cualquier lugar, pero en algún lugar. Tal vez susurran cómo le gusta hacer el amor con ella en el parque después del anochecer, pero significa que cuando usted lo dice, porque se espera que tenga lugar. Además, se trata de una mujer que quiere ser madre.

MATRIMONIO

Esta persona necesita la solidez de un matrimonio de sonido bien y el de una vida buena casa. La solidez del matrimonio muestra a los demás que esta persona tiene éxito en cualquier empresa, y su libre determinación a luchar para mantener unido el matrimonio. El Tauro es un signo altamente estimulado sexualmente. En la medida física, que muchos compañeros no pueden durar el tiempo suficiente para ocuparse de las necesidades de este individuo en el dormitorio, y esto es en la relación sexual normal. Si sus necesidades son algo que está fuera del ámbito normal, puede ser aún más difícil de sobrellevar.

Algunos de los problemas que tiene con este signo solar como su compañero, son los siguientes. Si un matrimonio con esta persona va a pique, ¿cómo usted se derramó de esta pareja? Usted puede no ser capaz también sin un verdadero esfuerzo de su parte. Recuerde que usted es una posesión de este signo solar, tal vez incluso después de que el divorcio es definitivo. Si usted no quiere ser poseído, si no, aléjate de este signo solar completo. Parecerá como si fueran dueños de sus compañeros, y sus hijos. Aceptan cualquier cosa que se ofrecen, física o mental, pero no espera recibir nada a cambio. Recuerde que este es la persona que es materialista en todos los sentidos.

TENDENCIAS NATURALES

Usted ha oído la historia sobre el toro en una cristalería, y el hombre Tauro es algo así como que cuando hace el amor con una mujer. Él es un animal y que puede a su devastación. Hombre o mujer, el amante de Tauro tendrá mucho más tiempo para hacer el amor con su pareja en el dormitorio, las horas no son inusuales. Sin embargo, como un amante de este signo solar también debe recordar que es su amante. Ahora pertenece a ellos, en el dormitorio y por fuera. Si el amante está casada con otra persona, que todavía pertenecen a esta amante. Si se trata de alguien que se ve envuelto en un "asunto de la oficina." El Tauro lo más probable es ayudar al avance en la amante de todo lo que puedan, de esta persona a menudo se balanceaba el poder en el dormitorio y por fuera. Se trata de una persona que quiere, y disfruta, haciendo el amor en todas las posiciones, muy a menudo en cualquier lugar posible también. Juego previo largo no siempre puede ser necesaria, pero hacer el amor duradero es de suma importancia. Si Venus está en Aries en esta tabla los amantes, nadie en su círculo, la familia o amigos, está a salvo de sus avances sexuales. Usted pensará de este amante de tan insaciable, y usted encontrará que muchos de estos amantes que disfrutan del sexo duro, tal vez en ninguna forma. Bondage puede ser una forma ligera de hacer el amor, ya que puede ir mucho más profundo que eso. Asegúrese de saber lo que usted está consiguiendo con esta pareja antes de iniciar una relación sexual. El sexo oral no puede venir a la amante de Tauro temprano, pero una vez que aprenda a utilizar para mantener a su amante cerca del borde de un clímax, pero no va más de la parte superior, lo van a usar para hacer precisamente eso.

SUGERENCIAS A TENER EN CUENTA

Los signos de tierra, Tauro, Virgo y Capricornio son muy apasionados. A veces incluso puede dominar a los demás. En la medida en que otros signos puede pensar en ellos como alguien que es un pervertido sexual. Este tipo de actitud, de los que no entienden estos signos solares, es errónea. Lo que una persona disfruta sexualmente puede no ser agradable para todos los demás, pero eso no quiere decir que está mal. Sólo significa que aquellos que se sienten a alguien es una rareza sexual, simplemente es ignorante en el diseño de la vida de la felicidad y el placer. Sin embargo, si las dos personas que tengan el planeta Venus en el mismo signo en el momento del nacimiento, su punto de vista sexual es a menudo el mismo. Esto se puede lograr la armonía sexual y con este puede venir satisfacción sexual. Un Tauro con otro Tauro puede resultar en las horas pasadas juntos en la cama, ninguno de ellos cansados ??de la diversión y los juegos. A pesar de mal humor, un cáncer se encuentra un Tauro un buen amante, y alguien que va a tomar el mando de sus vidas por lo que no tiene que meterse con los detalles. Visión sexual de Virgo "es también una experiencia agradable para un Tauro, al igual que Escorpio, pero Escorpio son muy fuertes y no podrá someter a la propiedad de su compañero que Tauro se siente acerca de sus compañeros. Con un Capricornio, hay una buena probabilidad de la felicidad.

NOTAS ESPECIALES

Personas de Tauro son posesivos, lo que significa que son posesivos de sus amantes también. Como un amante, o como un compañero, que no se comparte de ninguna manera sin una lucha. Esto no sería un signo de buen sol de Acuario, Libra ', Géminis, y tal vez los signos opuestos de Leo, Aries y Sagitario' también. La razón de esto es que estas señales son de un grupo de pensamiento muy libre. Ellos no pueden ser propiedad o cercado, para tratar de imponer una restricción de la propiedad de este grupo sólo traerá rebeldía constante de ellos. Tauro signos solares disfrutar del sexo pervertido, como ser azotado, o que sus pezones pellizcados. Tal vez incluso un cierto grado de esclavitud. También son amantes de ruido, hasta el punto de gritar en voz alta durante el clímax. También gusta hacer el amor al aire libre, y que se masturban en cualquier lugar. El signo de Tauro disfruta de sol también con los labios y la lengua para dar placer. Usted debe dejarlos. Aun cuando en una relación de ningún tipo con una persona, esto es alguien que puede encontrarse en la cama con otra persona también.

Si el planeta Venus se encuentra en Aries, Tauro, y quizás en el momento del nacimiento, esto podría ser alguien que es casi una ninfómana en la necesidad sexual. Ellos disfrutan de material pornográfico de cualquier tipo, escrita o visual. Estimulantes sexuales también se encuentra cerca de su cama, como consoladores, tal vez incluso en su bolso.

Si usted es un amante de Tauro y la de un signo dual, o su signo opuesto, como Géminis / Sagitario, o Virgo / Piscis, no esperes a ser su único amante. Signos duales significa también, las relaciones duales, lo que será difícil para un Tauro que soportar, ya que regala el control de la propiedad.

FUNDAMENTOS
TAURO

El símbolo de Tauro es el toro. El toro, como todos hemos oído hablar, se volvió a granel en una tienda de porcelana, hace que las cosas derrumbarse. Esto no es necesariamente cierto en el ser humano nacido bajo este signo solar. En realidad, disfrutar de las cosas buenas de la vida, y para el tesoro mayor parte de ellos. De hecho, son pura y simple posesivo de las cosas que tienen. Esto incluye a sus seres queridos, esposas, esposos, hijos, amantes, casas, coches, y todo lo que poseen su intención de mantener. Si le dan un regalo, no importa quién lo tiene, o donde sea, sigue siendo suyo. Esto se debe a que Tauro es el signo del sol el control de la segunda casa de un horóscopo y el de la riqueza personal, incluso si el objeto no pertenece a ellos más que todavía lo consideran como suyo. Venus en Tauro en la primera casa del ser físico, puede requerir un amante que puede durar una larga sesión de hacer el amor. Si es agradable para ellos, ellos quieren que durar, y durar y durar. Con esta actitud posesiva en cuenta la posición de la casa de Tauro se encuentra en el momento del nacimiento también. Por ejemplo, si Tauro se encuentra en la undécima casa de amigos, se sentirán que poseen estas personas y no quiera compartir con los demás. Este es uno de los signos solares que producen las mujeres con los mayores senos, sobre todo si se trata de la primera casa del ser físico.

CARACTERÍSTICAS FÍSICAS
TAURO

Su cabeza y cuello son más a menudo de corta, con una cara ancha y tal vez un poco plana. Ellos tienen un mentón fuerte y ojos grandes, de color oscuro. Su pelo es de color oscuro, pero a veces son rubios. Sensuales labios carnosos y tal vez un cuerpo corto, robusto, o exceso de peso.

CARACTERÍSTICAS EMOCIONALES
TAURO

Contradictorio en las emociones, sus cambios de humor hacer declaraciones definitivas con respecto a todas las emociones posibles. Estas son personas amorosas, artístico y gentil. También son el hogar leal, y orgulloso. Preste atención a los eventos de genio, o autoindulgente.

Características mentales
TAURO

Son pacientes y persistentes al perseguir las cosas. También son a fondo, firme, conservador, de retención, la discriminación, decidida, argumentativos, tercos, precipitados en sus juicios, y materialista. A menudo, sus emociones pueden controlar sus pensamientos.

☆
Mayo-junio
HOMBRES
GÉMINIS

Una labia, y alguien que puede tratar de tumbarlo con lo que parece una gran cantidad de conocimientos. Por supuesto que son inteligentes, pero normalmente aprender un poco de todo y no mucho acerca de cualquier tema en cualquier gran profundidad. No me malentiendan, se trata de una persona muy inteligente y es alguien que puede gato por liebre de las cosas, todas ellas con una lengua locuaz. Incluso si usted no está dispuesto a renunciar a lo que es lo que quieren. Los artículos que usted habla de puede variar desde lo físico a los elementos materiales. Al involucrarse con esta persona, no sólo les dan lo que parece que piensan que puede ser necesario, pida algunos detalles para asegurarse de que realmente lo necesitan en primer lugar.

Lo que este hombre le puede decir es una cosa, la verdad completa puede ser otra muy distinta. Se trata de una persona mental y la mente trabaja de manera constante. Las cosas nuevas siempre son de interés para ellos, pero se cansará de que si se repite una y otra vez. El juego previo para hacer el amor puede ser extenso, a menudo comunicado verbalmente, aunque de una naturaleza fantástica. Todo el tiempo las manos puede ser ocupado para incluir contacto sensible.

Sin embargo, como Géminis no es conocido como un signo del sol sexual fuerte, pero a medida que más a lo largo de las líneas de un interés secundario, es posible que desee entender por qué él quiere, y cuáles son las razones detrás de su búsqueda.

★
MUJERES
GÉMINIS

Esta mujer puede hacer amigos en cualquier lugar y en cualquier momento, pero no hará una edición especial de la búsqueda de los hombres. Los hombres que se le acercan serán examinados por su cuidado. Ella es sospechosa de los hombres que parecen atender a ella. Sin embargo, ella puede ser bueno en los hombres divertidos, y varios de ellos y todo a un tiempo. No es la calidad de los hombres que le interesa. Es la cantidad de ellos. Como un amante que puede parecer ser un elegido, un día, y entonces usted está fuera de la carrera de la próxima. Una mujer Géminis quiere un hombre que puede hablar con ella durante horas, y casi cualquier cosa. Entonces, tal vez, un buen tiempo se puede tener en la cama, pero poco después se olvidará todo acerca de él hasta que algún otro momento. Esto no es una mujer, que va a insistir en el tema de hacer el amor. Bueno, algunos parecen.

Se trata de una mujer que muchas personas tienen problemas para mantener el ritmo, ya que siempre está pensando en la siguiente dirección en la vida. Ella puede ir en un viaje, y al regresar ella comenzará justo donde lo había dejado, como si fuera el día anterior. Esta mujer está dotada de la palabra hablada, y puede unirse a una conversación de cualquier tipo en cualquier momento. Sin embargo, cuando la conversación empieza a entrar en la profundidad de un tema en

59

particular, es probable que se mueva a otro grupo a lo largo de discutir otro tema. No es que ella se ha vuelto aburrido con el primer grupo, es porque puede haber dejado atrás su conocimiento sobre el tema en cuestión. Géminis es un signo del sol intelectual, es decir, aprenden mucho sobre muchas cosas, pero no puede ir demasiado profundo en cualquier vía uno de los estudios realizados hasta el punto de que algo se convierte en una religión con ellos. No se trata de una mujer a confiar en sus problemas personales específicos, como puede ser un chisme. Si este es el caso, las cuestiones de su vida puede quedar pasado a alguien más como un tema de debate. Sin embargo, la historia contada a ella, se han cambiado tanto, que incluso es posible que tenga problemas para reconocer la historia por haber sido la suya. En materia sexual que va a analizar la relación y quiere saber por qué quiere este hombre, o por qué él la quiere. Ella entiende el sexo muy bien, pero que puede que no importa el día a día si se necesita tiempo en la cama con un hombre. Cuando ella se va a la cama con una persona de interés, ella quiere saber lo que hay para ella?

MATRIMONIO

Incluso si no lo creo, esto es un signo solar que necesita para casarse. Esta es una mente que necesita alimento constantemente, incluso si sus hijos necesitan ayuda con sus tareas, éste tiene sus propios estudios para hacer frente a. Goce sexual vendrá después de los estudios experimentales han llevado a cabo. Sin embargo, este es un estudiante de continuo, y algunos piensan de Géminis como un signo solar en frío. La mente no parece apagar el tiempo suficiente para disfrutar de un encuentro sexual. Cualquier persona que parece lento puede ser una irritación a esta persona, hasta el punto de que esta persona incluso puede llegar a ser irritable y bastante molesto con las personas cercanas a ellos. Bueno, o tal vez incluso a nadie cerca.

Algunos de los problemas que tiene con este signo solar como su compañero, son los siguientes.

Este signo solar es similar, en cierto sentido, a la de un escorpión. Este signo puede tener más de una conversación de lo que es realmente allí. Es como si ellos piensan que hay algo escrito entre las líneas que no existe. No tiene sentido dar a esta persona una reprimenda por cometer un error, ya que ellos mismos no tienen idea de cómo sucedió.

Usted debe mantener este signo solar ocupado en un matrimonio. Si no, se aburre, y no quieres a esa persona como a un compañero aburrido y que busca una nueva experiencia. Si esta persona, como un compañero suyo, parece que viajar mucho, tal vez pasado muchos días, a la vez, es posible que desee considerar la posibilidad de que tal vez hay otra familia con el mismo apellido que su propia vida en algún punto del camino recorrido .

Si usted está contemplando el divorcio de un Géminis, ten cuidado con los cheques emitidos en su cuenta bancaria. ¿De verdad que escribir, o fueron escritas por usted, y por supuesto, su firma aparecerá en los cheques.

TENDENCIAS NATURALES

Aunque he dicho que Géminis es un signo dual y propensa a disfrutar de uno u otro sexo como un socio, esto no es necesariamente el caso. Dependerá sobre todo de la señal de que Venus está en en el momento del nacimiento, y la posición de la casa natal de Venus. A menudo, el interés sexual en el mismo sexo no es el caso, tal vez cierta curiosidad pueden permanecer en sus mentes, pero actuando esos pensamientos no se llevará a cabo. Géminis 'a menudo se casan jóvenes, a veces simplemente para parecer normal, a veces por la nueva experiencia, y muchas veces un matrimonio puede venirse abajo porque actuaron con rapidez en su decisión sobre el compañero que ha elegido. Cuando se viaja lejos de casa, y aquellos que los conocen, un Géminis puede sentir que la emoción a medida que considerar la adopción de un amante, probablemente sólo por un corto tiempo mientras están en el camino. En sus primeros años no puede buscar el sexo oral, es sólo cuando llegan a entenderlo como una herramienta para dar placer sexual a su pareja sexual, sea quien sea, que muestran algún interés en esta forma de hacer el amor.

La mujer Géminis puede rivalizar con la mujer de Tauro en sobreviviendo a sus amantes. Si, en el momento del nacimiento de Venus en Aries, el Gemini sería más audaz, y tal vez más adelante en la búsqueda de alguien con quien jugar.

Si Venus en Tauro, el Gemini estará más inclinado a buscar a alguien que los hará sufrir de alguna manera, como si los pensamientos de tendencias masoquistas parecen persistir en sus mentes.

Estos sentimientos se intensifican si Venus se encuentra en la primera casa del cuerpo físico, porque cuando está aquí lo exige la satisfacción sexual. Venus en la primera casa promueve la adicción de algún tipo. A menudo una adicción es reemplazado por otro.

SUGERENCIAS A TENER EN CUENTA

Se ha dicho que los signos de aire, Géminis, Libra y Acuario se lleva bien con nadie, y básicamente esto es cierto. Sin embargo, cuando eligen a un compañero como un signo de aire rara vez son verdad el uno al otro, sobre todo porque la relación es, en cierto sentido, domesticar. Sin embargo, si las dos personas que tengan el planeta Venus en el mismo signo en el momento del nacimiento, su punto de vista sexual es a menudo el mismo. Esto se puede lograr la armonía sexual y con este puede venir satisfacción sexual. Al igual que con los otros signos de aire, Géminis debe hacer muy bien con los signos de fuego. Aries hará que la punta de la línea Gemini. Leo puede ser un amante que surge una situación para hacer el amor que sorprende a Géminis, pero también trae una curiosidad acerca de la realización sexual de la manera que propone Leo. Géminis se encuentra Sagitario de un amante ideal. Sin embargo, podría ser una buena idea recordar que estos son signos duales y cualquier tipo de juego sexual que podría suceder. Tal vez puede afectar a más de dos de ellos.

Si usted es un géminis y no de una naturaleza altamente sexual, se recomienda que se quede fuera de las relaciones a largo plazo con los nacidos entre octubre y marzo, ya que este es el tiempo cuando Venus está en los signos solares destacan por la adicción de cualquier tipo. La adicción sexual no es diferente a cualquier otro tipo de drogas que alteran la mente y si no pueden mantenerse al día con las necesidades de las personas sexuales, se encuentra la relación está en problemas. Si te gusta experimentar eso está bien, pero no hacer un compromiso a largo plazo hasta que esté seguro de la relación se resolverá a su satisfacción. Usted también debe estar seguro de que son capaces de satisfacer sus necesidades también. Usted no tiene que prestar atención a los signos solares recomendadas para cada grupo a encontrar esta lista en este libro, pero la historia nos dice que es mejor.

NOTAS ESPECIALES

Como regla general, los Géminis tienen suficientes problemas con su identidad sexual. A veces se aprende temprano en la vida que son diferentes de la mayoría de los otros signos solares a este respecto. Ellos disfrutan del sexo, pero no en grandes cantidades. A veces una parte del problema puede provenir del hecho de que ellos no saben que la pareja sexual que realmente quieren, ¿será hombre o mujer. ¿Será una persona, o dos, o incluso más? ¿Van a ser promiscua, probablemente? Y todo al mismo tiempo. Una cosa que se aprende es cómo agradar al sexo opuesto. Ellos disfrutan el sexo oral, y llegar a ser muy bueno en dar a sus socios una alta sexual de esta manera. Pueden ser grandes amantes, y no están por encima de usar el sexo como una herramienta, a menudo haciendo que sus compañeros de cama se sienten como si fueran lo mejor que he tenido. Luego, en cuanto que es más, su mente se va rápidamente a algo, o alguien de mayor interés. El hacer el amor que acaba de tener lugar ahora en el olvido. Lo hacen al aire libre, como hacer el amor, no muy expuesta a las miradas indiscretas, pero casi. Si se vuelven sexualmente hambrientos y no tienen un amante cercano, que se masturban.

Como Géminis es un signo del sol comunicativa historias pornográficas dará lugar a una rápida necesidad de un clímax, ya que esto es un signo de sol que disfruta de la palabra escrita. Aun cuando en una relación, de cualquier tipo, esto es alguien que puede encontrarse en la cama con otra persona.

FUNDAMENTOS
GÉMINIS

Esta es una persona intelectual. Ellos son muy conscientes de la mayoría de las cosas que suceden, y pueden utilizar este conocimiento para su propio beneficio. Aparte de Sagitario, el signo opuesto a Géminis, esta es una de las mejores personas para tener en el departamento de ventas de cualquier negocio. Este es alguien que puede hablar en, o fuera de casi cualquier cosa. Si usted los conoce personalmente, usted debe darse cuenta de cuándo te están diciendo lo que quieren oír. Digo esto porque a veces dicen la verdad simplemente, no todos de la misma. La experimentación puede ser una cosa divertida para que intenten, y con Venus en Géminis en la primera casa que, sin duda, tener amantes múltiples, y por supuesto uno u otro sexo, tal vez esperando en línea, al mismo tiempo. Todas las señales duales presentan este tipo de comportamiento. Esto incluiría, Sagitario, Piscis y Virgo a menudo se considera un signo triple. Como el gobernante de la tercera casa de la comunicación, se trata de una persona que quiere hablar, puede ser cualquier tema, pero usted debe hacer que sea interesante. Otra cosa aquí, Géminis es uno de los signos solares que les gusta sentir las manos en sus cuerpos, y les gusta poner sus manos sobre los demás. Se trata de una persona Feely delicado y deseos sexuales a menudo se ponen en juego en este modo.

CARACTERÍSTICAS FÍSICAS
GÉMINIS
Se trata de alguien con una cabeza larga y el
cuello. Ellos pueden tener una frente ancha y una
barbilla puntiaguda. Sus ojos estarán expresiva,
su luz en el color del pelo, una boca pequeña con
labios finos acompañados de una nariz aguileña.
Sus largos dedos se le recuerde de un pianista, y
su cuerpo será esbelto. Tal vez la ampliación con
la edad.

CARACTERÍSTICAS EMOCIONALES
GÉMINIS
Parece que les falta concentración, y tienden a
ser insensibles, sino que parece carismático.
Ellos disfrutan de los viajes de corta distancia, y
no se conocen por ser el hogar. Ellos hacen
buena compañía y sus conversaciones son
variables, así como interesantes. Se puede
parecer frío, o carentes de afecto, así como la
simpatía. Cuando se enfada de que será genial,
pero de genio vivo, y desagradecido.

Características mentales
GÉMINIS
Hábil en las expresiones manuales, y la actividad
inventiva cuando sea necesario. Esta es una
persona versátil, una que se adapta, la auto-
expresiva, muy curioso, pero los pensadores
superficiales. Pueden aparecer como que son a
veces despistado, o difícil.

☆

Junio-julio
HOMBRES
CÁNCER
Este es un verdadero hombre casero, y alguien que le pedirá que lo lleve a su casa para cocinar la cena para usted. Que él. Lo más probable es que sea de su agrado, pero la domesticidad es la palabra clave aquí. A muchas mujeres les gusta este hombre, simplemente porque él piensa de una manera romántica. A pesar de que puede llegar a ser alguien, que tiende a sofocar a sus compañeros con demasiado afecto. Este hombre no es uno para salir a cenar un buen negocio. Aunque cuando lo hace salir a cenar, él sabe dónde están los mejores lugares, y al mejor precio así como. El hogar y la familia son lo máximo en la mente de este hombre. Él asume el compromiso de una relación, y uno de dedicación a una unión duradera. En el caso de que haya un obstáculo en la historia de amor que él seguirá tratando de resolver las cosas, siempre y cuando su compañero se dediquen a lo mismo. Ser infiel a este hombre es la creación de una gran injusticia, y hacerlo puede ser costoso a la parte culpable.

Esto puede ser un hombre de mal humor. Va a encontrar esto como el tiempo da vuelta, cuando se está fuera cálido y soleado, que estará de buen humor. Si está nublado, niebla, lluvia o similar tiempo, que puede ser de mal humor y hacia abajo. Este hombre se ha pasado por

71

muchos problemas en su vida, a menudo no se alcancen los verdaderos tesoros de la vida hasta sus últimos años. Sin embargo él es alguien que entenderá completamente los problemas

de los demás.

✫

MUJERES
CÁNCER

Como hombre, se encuentra esta mujer quiere que continúe a un ritmo lento con ella, como ella no le gusta ser apresurado. Ella va a insistir en que ella es la única en su vida y sin esta condición en su lugar un hombre no mantendrá su tiempo. Ella puede parecer una mujer débil, pero este no es el caso. Ella va a buscar un hombre que puede tomar el cuidado completo de ella, emocionalmente y financieramente. Cuando ella tiene el hombre justo en su vida, su apetito sexual estará abierto a casi cualquier vía de exploración, siempre que es apenas el dos de usted. Usted encontrará que le gusta manos de un hombre a explorar sus senos y ella puede hacerlos fácilmente disponibles para este propósito. Ella es también una mujer que puede tener senos grandes, a menudo hasta el punto de molestia física. Una vez que haya establecido una relación con una mujer de Cáncer signo solar, puede hacer el amor con esta mujer desde el frente, atrás, arriba o abajo, y ella está abierta al sexo oral, anal y posiblemente. También le gusta hacer el amor en lugares donde pueda estar mojada. Tales como duchas, afuera en la lluvia, en la playa, en un estanque, lo que sea. Sin embargo, ella le gustan los ambientes románticos por lo que debe utilizar.

Tales como velas, un fuego en la chimenea, sábanas de seda sobre la cama, champagne y cualquier otra cosa a lo largo de estas líneas. Ella no va a tolerar un hombre rudo o un hombre que trata a las mujeres con dureza, ya que es una mujer sensible.

Ella prefiere a un hombre que va a tomar la iniciativa, pero una vez que despertó ella puede tomar la iniciativa.

El hombre en su vida tendrá que entender sus estados de ánimo, porque ella va a tener, probablemente para siempre. Será una comprensión que no puede pedirle lo que está mal, porque las probabilidades son que no se sabe a sí misma. Esta mujer va a hacer un compromiso para una relación duradera con dedicación, y de ser infiel a esta persona es un error.

MATRIMONIO

Este es el ama de casa natural. Alguien que siente la necesidad de tener una vida en el hogar, y trabajar duro para hacerlo realidad. Esta es una muy romántica, imaginativa, y una persona emocional. Cuando se trata de su vida amorosa, este es uno de los signos solares más fieles del zodiaco. A pesar de que este es el ama de casa natural, que puede perder el tren verdadero amor hasta más tarde en la vida. Otro factor con este signo solar, que se encuentran a menudo en las relaciones interraciales.

Algunos de los problemas que tiene con este signo solar, como su compañero son los siguientes. Un aspecto negativo sería la posibilidad de que regaña continua, un evento común con este signo solar. Son muy emocionales y no puede aceptar las críticas. Si usted ofrece crítica constante a esta pareja, el matrimonio fracasará. Si el matrimonio comienza a fallar, el signo solar del cáncer puede llegar a ser codiciosos, agarrándose a todo, y todo el mundo. El punto es, ¿puede el compañero civil actual manejarlo. Nunca han experimentado un mal genio, hasta que, usted está atacado por un signo de Cáncer dom enojado. No se puede escapar de la garra del cangrejo de trituración, y saben que si la ira no funciona, las lágrimas. Sin embargo, si esta es tu compañero, lo esperamos, o ella a trabajar para mantener la relación. No importa si es bueno para ninguno de los dos.

TENDENCIAS NATURALES

Esta es una señal que abarca temas sensibles. Sus sentimientos son heridos fácilmente, y tienen dificultad con cualquier tipo de rechazo, o la crítica, buena o mala. En la medida en que ellos están enamorados de la idea del amor mismo. Las personas de Cáncer pueden ser agresivos en situaciones sexuales, siempre y cuando sienten que se quería. Si ellos sienten que se están empezando a utilizar, o disfrutado, no puede ser que también los echarán en una ducha fría. Se tendrá el mismo efecto en ellos. Si se acostó con alguien que es un amante del ruido, y el que llega a un clímax ruidosamente, uno que es de pies y manos saltan durante el hacer el amor, el que gime y gime con gran placer, este amante habitan en el del Cáncer mente en los próximos años. Los signos del cáncer de sol, y tal vez los que tienen una personalidad del cáncer, podrán disfrutar el sexo y muchos de ellos con un montón de gente diferente. Este es el casero, la persona que quiere una casa y quiere hacer el amor en el hogar. Son los cocineros naturales y lo desea, puede preparar una comida para su amante en el inicio de la relación, o agasajos. Tal como el "Regalar dulces es excelente, pero el alcohol es más rápido", actitud. El signo solar del cáncer se pueden encontrar entretenimiento amantes posibles que son mayores que ellas, de hecho, este es un rasgo común.

Esto también es una persona que se involucre en las relaciones con los diferentes grupos étnicos. Las mujeres pueden tener senos grandes y cuando están seguros de sí mismos que estará encantado de mostrar a retirarse hacia el sexo opuesto mediante el uso de blusas escotadas por lo que su ruptura puede ser vista.

SUGERENCIAS A TENER EN CUENTA

Los signos de agua, Cáncer, Escorpio y Piscis, son un grupo de personas muy emocionales pf. Ellos pueden tener dificultades para expresarse sobre una base sexual. Sobre todo si se combina con otro signo de agua. Sin embargo, si las dos personas que tengan el planeta Venus en el mismo signo en el momento del nacimiento, su punto de vista sexual es a menudo el mismo. Esto se puede lograr la armonía sexual y con este puede venir satisfacción sexual. Uno de los amantes de las cosas de este signo solar encontramos, es que su naturaleza altamente emocional puede llevar a cabo una sesión de hacer el amor que es memorable. No se olvidan pronto.

Este signo solar necesita una manera de conseguir cumplir sus necesidades sexuales, incluso si se lleva a cabo con la auto-gratificación. Su naturaleza emocional los hace algo natural para el signo solar de Tauro. El cuerpo de una muestra del sol del Cáncer le gusta que lo sentía físicamente por lo que las manos de un Virgo suelen ser muy bienvenida también. Un compañero ideal se puede encontrar con un Capricornio como les gusta la búsqueda apasionada de un cáncer.

Si no son de naturaleza altamente sexual, se recomienda que se quede fuera de las relaciones con los nacidos entre octubre y marzo, ya que este es el marco de tiempo cuando Venus está en el sol para la adicción a señalar signos de ningún tipo. La adicción sexual no es diferente a cualquier otro tipo de drogas que alteran la mente y si no pueden mantenerse al día con las necesidades de las personas sexuales, se encuentra la relación está en problemas. Si experimento, que está bien, pero no hacer un compromiso a largo plazo hasta que esté seguro de la relación se resolverá a su satisfacción. Usted también debe estar seguro de que son capaces de satisfacer sus necesidades también. Usted no tiene que prestar atención a los signos solares recomendadas para cada grupo a encontrar esta lista en este libro, pero la historia nos dice que es mejor.

NOTAS ESPECIALES

Son personas emocionales, y esto se muestra en la cama, o donde sea que se encuentren a hacer el amor. Mentir a la intemperie es un stimulosus ideal para este usuario. Ellos se masturban, pero hubiera preferido a alguien cuidando de ellos sexualmente, que tener que tomar sobre sí mismos para llegar al clímax. Ellos hacen el sexo oral y disfruto lo otorgan a sus socios a veces unexcepted. Aunque esto es generalmente una persona de una en una amante tiempo, también es posible que esto puede ser un amante promiscuo. Aun cuando en una relación de ningún tipo, ya que esto es alguien que puede encontrarse en la cama con otra persona.

Si usted es un cáncer y, aunque lo hará el dolor que como amante de un signo dual, o uno de sus signos opuestos, como Géminis / Sagitario, o Virgo / Piscis, usted no debe esperar a ser su único amante. Dos signos significan también, las relaciones duales. Cáncer de signos solares puede ser alguien que pueda involucrarse en relaciones incestuosas, incluso si no son ellos quien los inicia en este camino.

FUNDAMENTOS
CÁNCER

El simbolismo de Cáncer es la del cangrejo, y si te acuerdas de cómo los cangrejos caminan, que como se recordará es hacia los lados. Cuando usted piensa en esto, y estamos hablando de alguien nacido en este signo solar, recuerde que cuando se les pregunta una pregunta, especialmente si es algo de carácter personal, usted encontrará que dejar de lado la cuestión. Lo más probable es que salir a hurtadillas de responder a su pregunta con una pregunta propia. Este es otro signo solar que produce las mujeres con senos grandes, especialmente si se trata de la primera casa del ser físico. Este es un signo emocional, y donde este signo se encuentra en la tabla, las emociones acerca de esa parte de la vida será evidente. Si está en la quinta casa de los niños, este será uno de los padres más emotivos que se encuentran. El cáncer rige la cuarta casa de 'Inicio'. Así que, cuando se trata de una de esas personas que saben que se sienten atraídos por la vida de estar en casa. El título, "casero", se ajusta a esta persona. Cuando se tiene tiempo para estar con esta persona que usted puede encontrar que estar en compañía de todos y cada uno, la raza étnica en el mundo.

CARACTERÍSTICAS FÍSICAS
CÁNCER

Una cabeza grande y redonda como la de la luna y se sienta encima de un cuello corto con los ojos grandes, y un desaire por debajo de la nariz. Su boca será grande con labios gruesos. Los pechos grandes son comunes, y se pelean el control del peso durante la mayor parte de sus vidas. Sus manos y pies pequeños, y ellos caminan, de tal manera que parece forzada.

CARACTERÍSTICAS EMOCIONALES
CÁNCER

Una persona artística y de ensueño, ya que su mente puede ser realizado en un papel maternal si quieren o no. Este es alguien que puede poseer una naturaleza psíquica, e imaginativo. Ellos están tranquilos, pero inquieto por naturaleza, perezoso veces y autoindulgente. Su mal humor supera cualquier otro signo solar.

Características mentales
CÁNCER

Muy versátil, abnegado, y receptivo a los demás. Expresan una gran adoración por su ascendencia y exhaustiva, y se determinó en sus búsquedas. Puede parecer que ser cauteloso, reservado, melancólico, con estados de ánimo cambian constantemente, incluso algo negativo.

☆
Julio-agosto
HOMBRES
LEO

Aquí está el hombre de la familia real, el que cree
en tener hijos y pasar una gran cantidad de
tiempo de calidad con ellos. Este es también un
hombre muy fuera va y otro que va a comprar los
regalos en sus intentos de ganar también su
afecto. Es posible que no se sienten en deuda
con él por su generosidad, pero que será uno de
sus métodos de ganar usted. Este es el hombre
que quiere que las cosas de calidad en su vida
para mostrar y contar. Como una pareja
potencial, que puede llegar a ser uno de esos
artículos premiados. Él te trata bien y le dará las
posesiones materiales, pero usted puede ser uno
de los suyos. Tal vez le resulte difícil mantenerse
en el pedestal sobre el que se puede colocar, y
parece ciego al hecho de que se puede caer esta
percha alta. Este es uno de los signos más guapo
del zodiaco, y él es un individuo independiente.
Como amante de este hombre puede tomar algún
tiempo para desarrollarse, pero se debe tomar
conciencia de su ser interior, ya que este signo
solar puede ocultar su verdadera naturaleza.

★

MUJERES
LEO
Esta mujer habla de una buena historia, pero a menudo carece de la capacidad para llevar a cabo tan buena como la que permite que otros creen. A ella le gusta el sexo, y que su vida amorosa en general, se entrelazan entre sí. Sin embargo, puede suceder que en su vida esto no será siempre el caso. Por lo general, ella es una devota esposa, hasta que, oa menos que las cosas en su vida se están desmoronando. No hay duda de esto es una mujer atractiva y sabe que tiene un impacto en los hombres. A ella le gusta estar en el candelero y buscar un hombre que la trata como una reina. Se trataría de un hombre que montones de elogios a ella, y compra sus joyas. Si usted desea perseguir a esta mujer, es mejor que no ser un tacaño.

Si usted se convierte en amante de esta mujer, y si usted es un amante de la buena, esta mujer puede convertirse en un gato salvaje en la cama. A ella le gusta el sexo oral, le gusta estar en la cima, y ??se puede disfrutar de películas pornográficas y las historias. Ella va a tratar al hombre en su vida con vistas visuales de ella en desgaste de la noche endeble, o es posible que sólo con la misma facilidad encuentran completamente desnuda.

Este es el exhibicionista natural, de modo que la desnudez es un estado agradable para ella. Esto, podría ser una mujer que se abre rápidamente las piernas a la vista de un hombre como él está pasando por su coche y cuando ella abre la puerta. ¿Se le lleva ropa interior, tal vez, tal vez no,?

Como hombre, usted debe entender que esta mujer disfruta de los juegos previos, quizá más que el acto de hacer el amor mismo.

MATRIMONIO

Como el gobernante de la quinta casa del amor, la caída Leo 'en el amor con facilidad. No necesariamente con prudencia, o afortunadamente, pero fácilmente. Parece como si la naturaleza es el deseo de que el signo solar de Leo deben unirse con un compañero, y esto no le gusta estar solo signo solar. Quieren que alguien brille para, y como resultado, a menudo colocan sus compañeros en un pedestal. A pesar de que puede devastar cuando su compañero elegido en realidad se cae del pedestal, y se convierte en un ser humano normal. Ya sabes, alguien con defectos.

Algunos de los problemas que tiene con este signo solar como su compañero, son los siguientes. Como el mate a este signo que no le importará recibir los dones que confiere sobre vosotros. El signo de Leo Sol da regalos a los que se imaginan como, o quiere que su es. Sin embargo, será usted, como su compañero, puso al día con los regalos que dan a los demás. Si usted está profundamente involucrado con un signo de Leo el sol, tendrá que reforzar constantemente el ego de esta persona, que se espera de usted. ¿Les gusta, no hay duda, por lo menos hasta que termine.

TENDENCIAS NATURALES

Este es alguien que quiere ser visto y se vestirá esperando para ser notado por lo que están usando. Podría ser el mejor en la ropa o la mujer puede ver a sí misma en un traje verdaderamente deslumbrante de la noche. Esto puede incluir una gran bata de ver a través. Ellos pueden excederse en la medida en que se queman en sus primeros años. Cuando esto sucede, se puede recurrir a otras variaciones sexuales para tratar de satisfacción sexual. Esto podría ser perversiones como el masoquismo, el sadismo, y Leo tiene una afinidad por los niños, por lo que este podría ser un problema con ellos también. Se trata de la liberación emocional de la necesidad sexual que los combustibles de esta persona. Si el encanto no les metía en la cama con el que se están llevando a cabo, tal vez dones hará el truco. Cuando son más jóvenes, pueden hurgar mucho en sus intentos de hacer el amor. Esto entonces hace que la práctica todo lo que mucho más para llegar abajo a la derecha, ya que quieres ser perfecto. El compañero de cama preferido ser una persona que es encantador, ingenioso, elegante e inteligente. A menudo se va a evitar que los amantes que parece que les gusta el sexo perverso porque disfrutan de la buena antigua rutina sexual normal. Las mujeres de este signo solar se encuentran entre lo mejor de los mentirosos. Se puede decir una mentira como nadie y aún convencer a la gente que es verdad.

SUGERENCIAS A TENER EN CUENTA

Los signos de fuego, Leo, Aries y Sagitario son muy apasionados, pero cuando se aparean con otros signos de fuego no es una batalla constante por la supremacía en curso. El choque entre ellos por lo general separarlos. Sin embargo, si las dos personas que tengan el planeta Venus en el mismo signo en el momento del nacimiento, su punto de vista sexual es a menudo el mismo. Esto se puede lograr la armonía sexual y con este puede venir satisfacción sexual. Leo es, junto con un signo de aire puede tener que ejercer algún control de sí mismo. La forma de un signo de aire luces de los fuegos de un Leo puede dar lugar a los primeros orgasmos. Esto no es un problema para la hembra de la señal, pero puede ser un problema para el macho. A veces un hombre puede considerar que masturbarse antes de la mano para que pueda durar más tiempo que el hacer el amor con un signo de aire comienza realmente. Leos "ser un espectáculo-y digo persona, podrán disfrutar de la gracia y el encanto natural de una Libra. Un Acuario trae una unión física muy satisfactorio tanto para el Leo y Acuario de la.

Si no son de naturaleza altamente sexual, se recomienda que se quede fuera de las relaciones con los nacidos entre octubre y marzo, ya que este es el tiempo cuando Venus está en los signos solares destacan por la adicción de ningún tipo.

La adicción sexual no es diferente a cualquier otro tipo de drogas que alteran la mente y si no pueden mantenerse al día con las necesidades de las personas sexuales, se encuentra la relación está en problemas. Si experimento, que está bien, pero no hacer un compromiso a largo plazo hasta que esté seguro de la relación se resolverá a su satisfacción. Usted también debe estar seguro de que son capaces de satisfacer sus necesidades también. Usted no tiene que prestar atención a los signos solares recomendadas para cada grupo a encontrar esta lista en este libro, pero la historia nos dice que es mejor.

NOTAS ESPECIALES

Leo signos solares se dedicarán a lo que algunos llaman 'Kinky' sexo. Sin embargo, no puede ser un tipo muy comprometido de la actividad sexual perversa. Como el amante con Leo se trata de alguien a quien le gusta el método misionero y le gusta ser el que en la parte superior. También prefieren las relaciones monógamas de relaciones de amor, pero no más allá de ellos. Leo "también pueden disfrutar del sexo oral y son amantes ruidosos. Los hombres como revistas pornográficas, mientras que las mujeres, como la palabra escrita de la ficción sexual. Se trata de una persona que le gusta ser visto desnudo. Hasta el punto que puede parpadear sus partes íntimas a los demás, o simplemente por accidente se dejan ver de alguna manera. Esto les convierte en sexual.

Si, como Leo y la amante de un signo dual, o su signo opuesto, como Géminis / Sagitario, o Virgo / Piscis, no esperes a ser su único amante. Dos signos significan también, las relaciones duales. Este es alguien que puede involucrarse en relaciones incestuosas, incluso si no son ellos quien los inicia en este camino.

FUNDAMENTOS
LEO

Leo el león es el soberano del reino, sólo tiene que pedirlo. Esta es la luz del sol y eso es lo que esta persona quiere hacer, es hacer brillar. Lo que planeta se encuentra en este signo, también va a querer eclipsar a cualquier otro planeta en este gráfico. Se trata de alguien que quiere estar en el centro de atención, y lo mismo ocurre con su signo opuesto, Acuario. En los gráficos del Sol representa a los hombres por lo que este signo es uno de masculinidad. Este signo no producen algunas de las personas más atractivas como lo hace el signo opuesto de Acuario. Dondequiera que este signo aparece en la carta, esa persona va a brillar en esa área. Como Leo rige la quinta casa, la casa de los niños, a menudo son muy aficionados a los niños.

CARACTERÍSTICAS FÍSICAS
LEO
Las caras anchas y planas en ocasiones, pelo rizado a menudo de color claro. Al igual que con los otros signos de fuego, Leo "se inclinan a la calvicie frontal. Su imagen de sí mismo puede traer la tendencia a peinarse con un estilo de peine más. Tienen boca y los ojos grandes comandantes. Sus cuerpos físicos están bien formadas.

CARACTERÍSTICAS EMOCIONALES
LEO
Fieles en la mayoría de las relaciones, rico en su vida emocional, y con afecto a todos los miembros de su grupo o familia. Se trata de una persona orgullosa e idealista, uno que es caballeroso, y le gusta la vida doméstica. Se puede hacer más de una situación que es verdad, que puede conducir a las ilusiones, esto también es alguien que a veces puede ser cruel.

Características mentales
LEO
Mentalmente generoso, ambicioso, y abnegado. En los malos tiempos que son optimistas, a pesar de que puede parecer fija en su opinión, que puede ser magnánimo en el trato con los demás. Ellos se oponen a la clandestinidad, y parecen ajenos a la animosidad. Esta es una persona difícil, y en negrita. Pueden ser dominantes e intolerantes.

★

Agosto-septiembre
HOMBRES
VIRGO
Este hombre en realidad puede perseguir por su intelecto. El mismo será un intelectual y una persona culta. También puede ser mucho más que el crítico, el que va a criticar sus errores tratando de hacer lo mejor si quieres ser o no. La gente algo que la mayoría no tienen fácil, pero la alabanza también saldrán de sus mejores cualidades. Mayoría de las veces se trata de la persona que es excesivamente pulcro y meticuloso en todos los sentidos, y el perfecto caballero. Habrá excursiones a los museos, bibliotecas, u otros lugares de conocimiento. También puede tener cierta tendencia a condiciones personales de salud, que podría llevar a ser alguien que sufre de hipocondría.

Cuando se entera de qué es lo que desea en un amante, él tratará de convertirse en el mejor amante que jamás haya experimentado. Si quieres variedad, tendrá que transmitir este mensaje a este hombre como amante. Para él, la fantasía causará emoción. Tal como una invitación a tomar una ducha con usted. Si está de acuerdo a este baño con él, usted debe saber que también se está seguro de que están limpios. Lo siento, pero esto se remonta a su miedo a la infección, y la posible hipocondría. Puede parecer como si él quiere te lavo, pero no será más que eso. Él hará las delicias de sentir cada parte de ti en sus manos enjabonadas. Su imaginación puede abarcar muchas situaciones sexuales para que usted disfrute y se los van a disfrutar también. Hay aquellos que piensan de estos hombres tan frío en la cama, y ??hay quienes piensan que este es uno de los mejores de los amantes. Podría haber algunas condiciones inusuales en la vida amorosa de este hombre. El matrimonio en sí, no puede ser un factor importante en su vida.

☆
MUJERES

VIRGO

Esta, es una mujer que va a buscar a un hombre a quien le puede ayudar, o le beneficiará en modo alguno que pueda. Esta es la mujer perfecta, si usted duda de esto, sólo le pregunto. Esto no es una persona que se iniciará una relación con un hombre cualquiera, ya que ella se tome su tiempo para encontrar al amante perfecto para ella. A pesar de sus pasiones puede tomar un tiempo para estallar en llamas, el amante potencial sólo tiene que esperar a que el evento tenga lugar. Ella va a insistir en ser perfecto en su forma de hacer el amor todo lo que sea. Ella va a aprender todo sobre el hombre de su elección para que ella pueda llenar todas las necesidades que pueda tener. Todo lo que necesita es encontrar el tiempo para hacer estas cosas. Cuando se enamora, será un profundo amor, un amor duradero. Si usted se baña con esta mujer, usted encontrará que su lavado. Puede que sea porque quiere estar seguro de que están limpias, pero también puede ser porque le gusta sentir que crecen en las manos enjabonadas.

Se trata de una mujer que va a disfrutar de un hombre que azota a sus en el culo o ella explora todas partes con las manos. Ella tiene un inconveniente, que es el hecho de que parece ser un imán para la clase incorrecta de los hombres. Los hombres que son restrictivas a ella de alguna manera, a pesar de que inconscientemente puede pedir a estos hombres a su satisfacer la necesidad de cuidar de ellos.

MATRIMONIO

Si son elegidos por este signo solar, como un compañero de la vida, las probabilidades son que realmente están en él para el largo plazo. Como este signo solar rara vez se casa hasta que estén seguros de que han elegido sabiamente. Esto no es alguien a saltar en el matrimonio a toda prisa. Esto no puede ser un signo del sol demasiado emocionante, pero será un compañero muy fiel. Esto puede ser alguien que se queja y critica más de lo que alabar. A pesar de un Virgo es, supuestamente, un monstruo de la pulcritud, esto no es siempre el caso. También puede ser muy descuidado y desordenado mismo.

Algunos de los problemas que tiene con este signo solar como su compañero, son los siguientes. No hay que esperar que esto sea un padre cariñoso, como los niños pueden obtener en algunos Virgo nervios signos solares. Los niños sólo pueden ser demasiado desordenado, demasiado complicado, o demasiado ruidoso, etc Usted puede preguntarse por qué tienen los niños cuando quieren acaba de poner en algún rincón. Si su posición de civil se está deteriorando, mientras que usted está casada con un Virgo, no creo que será un camino fácil de recorrer. No será.

Esta persona puede hacer su vida un infierno. Nunca he oído las críticas reales hasta que esté en el lado malo de este signo solar. Usted escuchará las quejas de que nunca se dio cuenta de la atención necesaria hasta que empiezan a tener problemas mientras estuvo casada con un Virgo. Antes de que acepte casarse con este signo, asegúrese de que entiende sus deseos sexuales, y el género de su preferencia.

TENDENCIAS NATURALES

Puede parecer extraño, pero Virgo 'son vírgenes en muchos aspectos. Aunque usted no puede pensar en ella como le sucede a usted, aún cuando te encuentras que te invita a bañarse con ellos que puede hundirse en su mente en cuanto a lo que está pasando. Virgo "les resulta sexualmente estimulantes para bañarse con sus amantes, les gusta las manos en la sensación de que se laven las parejas sexuales partes íntimas, pero la parte fundamental de esto, y sólo puede ser mental o psicológicamente en la naturaleza, sino que es simplemente la hecho de que quieren que esa persona sea limpia. Una Virgo es un signo de tierra y de muchas maneras exhibe la fuerza de Saturno en sus vidas. Esto les conduce a relaciones en las que son amantes de la edad, uno que enseña a la pareja más joven sexual, las cosas que se necesitan en el amor con éxito de decisiones. En su juventud se puede pedir más viejos amantes de aprender el arte de hacer el amor, y a medida que envejecen van a buscar a los amantes más jóvenes para enseñar los métodos artísticos mismos. Éstos son a menudo grandes consumidores, incluso si no pueden darse el lujo de gastar el dinero, y puede que no sea el dinero que están gastando. Se trata de una persona que aprende todo sobre el sexo y sus secretos, esto no significa que van a tratar a todos ellos por la experiencia, pero ellos saben acerca de ellos. Virgo 'se encuentran a menudo para ser un amante de la dominante, o el que quiere ser dominado.

SUGERENCIAS A TENER EN CUENTA

Los signos de tierra, Tauro, Virgo y Capricornio son muy apasionados. A veces tienden a dominar sexualmente a otros. En la medida en que otros signos puede pensar en ellos como alguien que puede ser un pervertido sexual. Este tipo de actitud de aquellos que no entienden estos signos solares, es errónea. Lo que una persona disfruta sexualmente no puede ser agradable a otro, pero eso no quiere decir que está mal. Sólo significa que aquellos que se sienten a alguien es una rareza sexual, son simplemente ignorantes en el diseño de la vida de la felicidad y el placer. Sin embargo, si las dos personas que tengan el planeta Venus en el mismo signo en el momento del nacimiento, su punto de vista sexual es a menudo el mismo. Esto se puede lograr la armonía sexual y con este puede venir satisfacción sexual. Cuando usted comienza a hacer el amor con un Virgo, no seas tímida, comienza a sentirse tan pronto como lo considere apropiado. Explora su cuerpo con las manos y me refiero a todo su cuerpo. Cuando se combina con un Tauro, Virgo se encuentran con que tienen los mismos apetitos sexuales. No va a ser lo que algunos puristas de pensar en como "Normal". Ellos se llevan bien con Capricornio, pero puede encontrar un Piscis un amante muy agradable.

Si no son de naturaleza altamente sexual, se recomienda que se quede fuera de las relaciones con los nacidos entre octubre y marzo, ya que este es el tiempo cuando Venus está en los signos solares destacan por la adicción de ningún tipo. La adicción sexual no es diferente a cualquier otro tipo de drogas que alteran la mente y si no pueden mantenerse al día con las necesidades de las personas sexuales, se encuentra la relación está en problemas. Si experimento, que está bien, pero no hacer un compromiso a largo plazo hasta que esté seguro de la relación se resolverá a su satisfacción. Usted también debe estar seguro de que son capaces de satisfacer sus necesidades también. Usted no tiene que prestar atención a los signos solares recomendadas para cada grupo a encontrar esta lista en este libro, pero la historia nos dice que es mejor.

NOTAS ESPECIALES

Virgo 'son en realidad el tipo que disfrute del sexo pervertido. ¿Por qué, usted puede preguntar, simplemente porque es diferente de la norma y por lo tanto excitante para ellos. Ellos se masturban, pero quizás no tanto como la mayoría de los otros signos solares. Tendrán juguetes sexuales listos para su utilización, y cuando se decidan a usarlos. Cuando hacen el amor, les gusta hacerlo por la tarde. Ellos prefieren una relación monógama, pero se puede hablar en cualquier tipo de relación. Virgo disfrutar del uso de sus manos para explorar un amante, y en cualquier momento. Usted no pensaría en Virgo 'como una persona que le gusta que lo toquen, pero lo hacen. También disfrutan de los amantes de los posibles de sentir y explorar con sus manos. El tipo correcto de exploración de la mano del cuerpo de Virgo puede agitar la necesidad sexual. Pregúnteles cómo y dónde disfrutar de este tipo de juegos sexuales después de haber comenzado a hacerlo manos en hacer el amor. No se sorprenda al descubrir que le gusten algunas de malos tratos.

Si usted es un Virgo, también puede ser consciente de cómo los signos duales, o sus signos opuestos, tales como Géminis / Sagitario, o Virgo / Piscis, puede disfrutar de las relaciones duales.

FUNDAMENTOS
VIRGO

Virgo es conocido como el signo solar de la Virgen, y no apostar a que el ser el caso.

Se trata de una mente con un análisis constante que tiene lugar. Dondequiera que este signo solar se encuentra, el proceso de pensamiento se encuentra. Virgo 'puede analizar las cosas a la muerte. Autocrítica es también una parte clave de este signo solar, y que la autocrítica se llevará a cabo en cualquier casa natal de este signo se encuentra, y cualquier planeta se encuentra en este signo en el nacimiento será uno de los aprendizajes. Este es el reino del intelecto. Cualquier planeta encuentran aquí también es analizado. La pulcritud y la limpieza son también una forma de vida, así la mayor parte del tiempo. Como un ejemplo de esto se encuentra que una persona que tiene Venus, el planeta del amor en Virgo en el nacimiento, que querrá lavar su amante en la ducha o bañera. No sólo para examinarlos, pero para estar seguros de que estén limpios. Venus en Virgo también disfruta de una experiencia de aprendizaje constante. Virgo rige la casa sexta, que a veces es una casa restrictiva para encontrar planetas también puede ser algo restringido.

CARACTERÍSTICAS FÍSICAS
VIRGO
Se pronuncia la frente, la cara puede tener las narices con amplios orificios nasales. Sus bocas son pequeñas, pero con el bien en forma de labios. Pueden tener los hombros anchos y largos brazos y piernas. Este es un signo del sol que mantiene su belleza durante la mayor parte de su vida. Este es alguien que es las manos en persona, sus manos sobre ti, y tus manos sobre ellos, les conviene también.

CARACTERÍSTICAS EMOCIONALES
VIRGO
Por favor, y humana, un tipo muy evolucionado que vive para servir a la humanidad sin pensar en sí mismo. Se trata de un nacional del país, y pueden ocasionalmente ser melancólico. Esto también es alguien que puede ser poco fiable en las cosas pequeñas. Este es el perfeccionista, por lo que cualquier conversación falsa rara vez se enteró. Pueden ser menores, o molesto, incluso superficial, en los asuntos del corazón.

Características mentales
VIRGO
Se trata de un ingenioso, inteligente, estudioso, y una persona hábil. Aquel que es versátil, introspectiva, científico y metódico. Este es el escéptico que es crítico de todo. Esto puede ser el hipocondríaco, que teme la enfermedad y la pobreza. Cosas que hacen puede tener segundas intenciones detrás de ellos.

★

Septiembre-octubre

HOMBRES

LIBRA

Esta persona está interesada en las artes, así como cualquier forma de arte que pueden tener a lo largo de estas líneas será evidente en su estilo de vida. También pueden vestirse a la última moda, o bien podría ser muy descuidado en su apariencia. El problema que se encontrará con este hombre es que, como amante o pareja de cualquier tipo, a menudo tendrá que tomar las decisiones en cuanto a qué obra de teatro que te gustaría ver, o también elegir cuál de los buenos restaurantes en el que le gustaría cenar. Este hombre va a tener problemas para hacer su opinión acerca de muchas cosas, que camisas de vestir, que se van corbata con la camisa que finalmente se escoge. ¿A qué hora de irse, en caso de que conseguir gasolina para el coche ahora, o esperar hasta después de que te recoge.

Aunque en el comienzo de su relación puede no ser consciente de ello, tiene dificultad para tomar decisiones. Cuando lo hace decidirse en la mayoría de los asuntos que puede parecer como si se hace con dificultad. Después de llegar a conocerlo si tiene dudas sobre su decisión podría tirar todo en un desorden mental.

Él es una persona tranquila, pero sí disfrutar de los asuntos sociales. Para atraer a este hombre, trata de un perfume sutil y sábanas de satén. Sin embargo, no se sorprenda por la creatividad de las situaciones de amor que pueden surgir cuando con él.

Antes de que se deje profundamente involucrado con este hombre, usted debe entender qué es lo que espera de ti como amante. A veces su idea de la amante perfecta es un poco elevado. En realidad, el hombre Libra no tendrá en cuenta el sexo lo más importante en sus vidas. La paz y la armonía podría ser.

★
MUJERES
LIBRA

Se trata de una dama con clase en el dormitorio, o hacia fuera. A ella le gustan los hombres a estar bien informado y que pueda sostener su posición en una buena conversación. A menudo se encuentra interesada en los hombres mayores, hombres inteligentes, y los hombres de buen gusto. Esto no es una mujer que cualquier hombre se va a poner en la cama. Esta mujer necesita algo más que una charla dulce. Pueden pasar varias cosas, o tal vez puede implicar muy poco, pero va a tomar algo. Tal vez una cena para dos personas, una noche en el teatro, un buen vino junto a la chimenea, o tal vez sólo una buena conversación.

Esta mujer no espera abrir sus propias puertas, el hombre en su vida se espera que haga que para ella, y que mejor que sea bien cuidado. Estar vestido descuidadamente y llevarla a un bar de barrio no va a funcionar bien para seducirla. Disfrute con los regalos y se podrá disfrutar. Se trata de una mujer atractiva, ella no puede ser una belleza arrebatadora, pero los hombres se fijara en ella.

Aunque esto no es alguien que vive para el sexo, ella se respira en sus caminatas y gestos. Ella tiene las caderas que son provocativas como ella se mueve, y huele bien. Como una niña de la Libra puede haber sido mal interpretado, algunos pensaron que estaba coqueteando, cuando en realidad estaba buscando un admirador. Una vez que la tengo en la cama, usted puede utilizar un lenguaje sexual explícito, y un espejo sobre la cama, será bienvenido.

MATRIMONIO

El problema de los que componen su mente se extiende a la relación matrimonial también. Este signo solar tarda mucho tiempo para elegir a un compañero, en tanto que la mayoría de nosotros se cansaría de la búsqueda avanzada. A causa de sus sentimientos idealistas sobre el matrimonio, el suyo debe durar. Tienen poco interés en tratar los diferentes socios. Esto no es un signo solar para crear ondas en sus vidas, ellos no quieren hacer frente a las secuelas causadas por problemas que nadie crea. Tienden a ver el mundo con gafas de color rosa y se enamora de 'Love', sí.

Algunos de los problemas que tiene con este signo solar como su compañero, son los siguientes. Usted puede encontrar que lo que muchas de las decisiones de esta persona, así tal vez no todos ellos, pero al menos los más importantes. Y acostumbrarse a tener a otros hacer cosas para ellos, incluso si se había llegado en torno a ella, es su naturaleza para que otros hagan las cosas por ellos. No, no tendrá que pedir, se acaba de entender.

TENDENCIAS NATURALES

Libra aprender todos los aspectos sobre el sexo. De un modo u otro. Pueden llegar a ser el amante más caliente sexual de todos. Ellos entienden el sexo como lo que es, lo que se considera Kinky y qué no lo es. Ellos simplemente me encanta estar en la cama con un amante y va en ello la medida en que todas las posibilidades de hacer el amor ha sido explorado, y probado por su valor sexual. Variedad con Libra es a menudo el gusto real de su vida sexual. Mujeres de Libra son las mujeres reales. Es decir, esta es la mujer que cultiva su jardín, y luego las latas de conservas las de uso en el futuro. Al igual que las mujeres de edad que planearon sobre cómo prepararse para el peor de los tiempos. Ella puede usar una pistola de seis en la cadera, vestida con un vestido estampado de flores, mientras descalzo en un campo de país, y todavía se ven como una mujer que los hombres quieren llevar a la cama. Pueden tienden a colocar a sus compañeros en un pedestal, aún aceptando el hecho de que se caiga esa percha elevada. Libra son diferentes, ya que encontrar el amor, y luego aprender a disfrutar del sexo. Mientras que la mayoría de los otros signos aprender a disfrutar del sexo, y luego aprender sobre el amor. Ellos son atraídos por el sexo opuesto que es segura de sí misma y puede mostrar sin ser vanidoso o arrogante acerca de cómo hacerlo. Los hombres quieren una mujer que se parece a una mujer, y las mujeres quieren que los hombres que se parecen a los hombres.

SUGERENCIAS A TENER EN CUENTA

Se ha dicho que los signos de aire, Géminis, Libra y Acuario se lleva bien con nadie, y básicamente esto es cierto. Sin embargo, cuando eligen a un compañero como un signo de aire rara vez son verdad el uno al otro, sobre todo porque la relación es, en cierto sentido, domesticar. Sin embargo, si las dos personas que tengan el planeta Venus en el mismo signo en el momento del nacimiento, su punto de vista sexual es a menudo el mismo. Esto se puede lograr la armonía sexual y con este puede venir satisfacción sexual. Libra 'son un grupo interesante como amantes. Tienen un lado a su naturaleza que va sin muescas. Por un lado, puede parecer recatada, tranquila, con una disposición encantadora, y al mismo tiempo, tienen una naturaleza sexual que va a sorprender a muchos amantes potenciales. Los signos de fuego son buenos para un Libra, ya que necesitan el liderazgo y el impulso proporcionado por la agresividad de los signos de fuego.

Si eres de este signo solar, y no de una naturaleza altamente sexual, se recomienda que se quede fuera de las relaciones con los nacidos entre octubre y marzo, ya que este es el tiempo cuando Venus está en los signos solares destacan por la adicción de cualquier tipo .

La adicción sexual no es diferente a cualquier otro tipo de drogas que alteran la mente y si no pueden mantenerse al día con las necesidades de las personas sexuales, se encuentra la relación está en problemas. Si experimento, que está bien, pero no hacer un compromiso a largo plazo hasta que esté seguro de la relación se resolverá a su satisfacción.

Usted también debe estar seguro de que son capaces de satisfacer sus necesidades también. Usted no tiene que prestar atención a los signos solares recomendadas para cada grupo a encontrar esta lista en este libro, pero la historia nos dice que es mejor.

NOTAS ESPECIALES

Este signo del sol pueden disfrutar del sexo pervertido cuando no está en la parte superior. Aparte de que se trata de una persona sexual bastante sencillo. Si, como Libra y un amante de un signo dual, o su signo opuesto, como Géminis / Sagitario, o Virgo / Piscis, no esperes a ser su único amante. Dos signos significan también, las relaciones duales. He sido aconsejado por un Libra que la bisexualidad era de interés también. Usted puede encontrar la mujer de Libra vestida en ropa interior y los hombres vistiendo sólo una camiseta.

FUNDAMENTOS
LIBRA

Libra se representa en el simbolismo, como la balanza de la justicia. Pero esto no es realmente el caso. En realidad, indica que alguien que trata de equilibrar las cosas en la vida. La constante mirando un lado de las cosas para asegurarse de que equilibra con el otro lado y se drena su toma de decisiones. Parecerá como si simplemente no pueden decidirse. ¿Qué sucede a menudo? Venus en Libra en la primera casa pueden tener problemas para elegir qué ropa nueva para comprar, o que amante de usarlo para. Esta es la persona, que cuando él o ella dice. "¿Te importa si me pongo cómoda?" Puede ser en slinky algo, o podría ser desnudo. Forma de éter que se hace para motivarlo a entrar a pensar de la misma manera que están pensando, a menos que cambien de opinión. Se trata de un artista, pero el arte se encuentra llevando a cabo en muchas formas que no puedan ser reconocidos como un arte.

Tal vez un soldador que hace que las soldaduras de las mejores que se encuentran, para él esto es una forma de arte. Las manos de un quiropráctico es su forma de arte. A manos de los pintores son su forma de arte. Las manos de un músico es su forma de arte, y la lista sigue y sigue.

CARACTERÍSTICAS FÍSICAS
LIBRA

Sus rasgos faciales son a menudo pequeñas y regular con buenos dientes. Su boca y la barbilla están bien formadas, no es grande, no pequeño. Su pelo es fino y en las mujeres que se encuentran a menudo para ser larga. Con los cuerpos bien proporcionados, que puede parecer que tienden a ser hippie, tal vez más pesado en la vida media.

CARACTERÍSTICAS EMOCIONALES
LIBRA

A veces se albergan secretos sobre amores perdidos. Este es alguien que es encantador, sofisticado y romántico. En cualquier empresa que decide entrar en ellos son entusiastas, pero sus mentes se pueden modificar. Se trata de una persona que no puede ser artística, pero sabe de arte.

Características mentales

LIBRA

Habilidades con tacto de Libra a menudo puede persuadir a otros de lo que hay que hacer. Sus decisiones, aunque difíciles de conseguir, normalmente son aprobados por los involucrados. Se trata de una persona que le encanta meterse en las cosas, ya sea arte, o la jardinería. Cualquier proyecto que han encontrado un interés en los últimos tiempos. En cierto sentido, son materialistas, pero no por lo que se daría cuenta. Son buenos para ayudar a otros en la toma de decisiones, ya que no tomará partido con las otras partes involucradas.

★
Octubre-noviembre
HOMBRES
ESCORPIO
Este hombre va a querer saber todo sobre usted. Incluso si usted no lo quiere también. Las preguntas que hace pueden ser sutiles en la naturaleza, pero continua. Puede que no sea consciente de ello mientras él se pregunta acerca de usted, pero le dará muy poca información acerca de sí mismo. Se siente como si usted podría tener una ventaja sobre él si cede información personal. Él no quiere que nadie lo sabe demasiado bien. Él te llevará a un refugio pequeño y acogedor para el fin de semana, o tal vez a las playas aisladas. Aquellos con la tranquilidad de los lugares de manera puede proporcionar buenos recuerdos para él, como le gusta la tranquila soledad. Esto puede ser un amante intenso. Algunos piensan en él como ninfómana, quizás incluso no convencional. Sin embargo, su propia satisfacción sexual podría ser un problema. Los celos podrían ser en abundancia con este hombre también. Los cambios de humor pueden tener lugar, y usted nunca sabrá por qué. Pero usted se quedará con la sensación de que es su culpa, si es su culpa o no.

★

MUJERES
ESCORPIO

Lo que hace esta mujer por su pareja, ella espera recibir algo a cambio. En algún momento el hombre en su vida tendrá que pagar por su forma de servicios de una u otra. Como un compañero de esta mujer, que nunca la conoceré porque no deja de secretos personales sobre sí misma por completo a ella. Normalmente, ella se convierte en la mano derecha de su compañero, y lo hace para proteger su propio futuro. Un hombre débil no le irá bien con esta mujer fuerte, como un hombre débil no será capaz de mantenerse al día con sus demandas. Sin embargo, el mito de la mujer Escorpio puede ser sólo eso, un mito. Esto no siempre es un signo muy sexuado si se piensa en que los buenos modales, todavía se puede, de hecho, puede estar en silencio todo lo contrario. Ella no obstante, el control de la parte sexual de su vida y puede utilizarlo para su ventaja. Sea lo que sea. Si los celos por su parte entra en su vida, usted como el destinatario, puede incluso no ser consciente de su forma de desquitarse con sus indiscreciones hasta una fecha posterior. No te dejará en una posición cómoda. Después de todo, su orgullo herido.

MATRIMONIO

Dicen que este signo es un signo muy orientado sexual. En algunos casos, esto tal vez sea cierto, pero no dependen de él. Sin embargo, si usted es uno de los elegidos por este signo solar como un compañero, esperamos que estén contigo a través de gruesas o delgadas. De hecho, esta persona puede estar con usted, incluso si el matrimonio se acabó, simplemente no se dan cuenta de que esté terminado.

Algunos de los problemas que tiene con este signo solar como su compañero, son los siguientes.

Usted nunca tendrá un secreto de esta persona. De alguna manera, se darán cuenta de lo que quieran saber, y quieren saber todo sobre usted, o cualquier persona relacionada con usted, y todos los demás para esa materia. Este signo solar es similar a la de Tauro, en que es posesivo. Si el matrimonio va en las rocas, esta persona no quiere renunciar a él. Si mal este signo solar durante el matrimonio, se llega a entender la palabra "venganza". Oh, usted no puede estar divorciado, pero usted desea que usted era. Ustedes van a sufrir, mientras sigue casado, incluso si se hace en silencio. ¿Esta persona que se casa por su dinero?
¿Está seguro? ¿Eras consciente de su racha de celos antes de casarse?

TENDENCIAS NATURALES

Escorpio que tienen a Venus en el signo de Escorpio tiene un problema con el cumplimiento de sus necesidades sexuales. Venus en Escorpio puede producir un gran apetito sexual, casi hasta el punto de ninfomanía. Si este planeta debemos caer en su primera casa, su deseo sexual puede estar más cerca de una adición en curso. Esta es una condición en que viven sus vidas enteras, y es en su mente constantemente. Esta persona puede desear considerar los signos solares nacidos entre octubre y marzo. Son estos signos solares que pueden tener las mismas necesidades sexuales. Durante estos meses de Venus se encuentra en Aries, que ser agresivos en la búsqueda de su compañero sexual, que puede mantenerse al día con ellos. Venus en Capricornio es una necesidad social sexual, es decir que esto puede ser alguien que quiere hacer el amor a cada uno en su círculo social. Acuario es también alguien que quiere amar a todos, y pueden tratar de hacerlo.

SUGERENCIAS A TENER EN CUENTA

Los signos de agua, Cáncer, Escorpio y Piscis, son un grupo de personas muy emocionales pf. Ellos pueden tener dificultades para expresarse sobre una base sexual. A menudo, dos signos de agua pueden chocar con las cabezas juntas, ya que ambos montar una montaña rusa de emociones diferentes. Sin embargo, si las dos personas que tengan el planeta Venus en el mismo signo en el momento del nacimiento, su punto de vista sexual es a menudo el mismo. Esto se puede lograr la armonía sexual y con este puede venir satisfacción sexual. Un Tauro se encuentra un muy satisfactorio Escorpio, especialmente uno que tiene a Venus en el signo de Escorpio en el nacimiento. Tauro tiene la capacidad duradera y Escorpio tiene la necesidad. Escorpio con Venus en Escorpio se encuentra un Capricornio con Venus en Capricornio, una pareja natural. Ambos con una necesidad pesada sexual, y tanto capaz de proporcionar el cumplimiento de esta necesidad.

Si usted es una persona muy sexual, es posible que desee considerar la posibilidad a los nacidos entre octubre y marzo ya que es la época del año cuando Venus está en los signos solares destacan por la adicción de ningún tipo. La adicción sexual no es diferente a cualquier otro tipo de drogas que alteran la mente. Si encuentras a alguien a su gusto no hacen un compromiso a largo plazo hasta que esté seguro de la relación se resolverá a su satisfacción.

Usted también debe estar seguro de que son capaces de satisfacer sus necesidades también. Usted no tiene que prestar atención a los signos solares recomendadas para cada grupo a encontrar esta lista en este libro, pero la historia nos dice que es mejor.

NOTAS ESPECIALES

Escorpio signos solares a menudo disfrutan de lo que algunos llaman 'Kinky' sexo. A un Escorpio será perfectamente normal. Esto sólo puede ser el sexo oral, o simplemente el disfrute de los materiales pornográficos. Durante hacer el amor se trata de alguien que le gusta ser el que en la parte superior, o en el control. Dependiendo del lugar donde el planeta Venus se encuentra en la carta natal, y el signo que se encontraba en el momento del nacimiento, esto podría ser una persona muy sexual. Este es uno de los signos solares que pueden caer en un grupo que se convierten en adictos al sexo. Hacer el amor es a menudo fuera una diversión bienvenida también. No se masturban? Sí lo hacen, como la satisfacción sexual no se logra fácilmente. Aun cuando en una relación de ningún tipo, esto es alguien que puede encontrarse en la cama con otra persona. Se ha encontrado que esta persona puede ser un amante que se puede disfrutar del sexo anal como así, pero no darlo por hecho.

Si usted es una persona de Escorpio y el amante de un signo dual, o su signo opuesto, como Géminis / Sagitario, o Virgo / Piscis, no esperes a ser su único amante. Dos signos significan también, las relaciones duales.

FUNDAMENTOS
ESCORPIO

Los Escorpio son muy reservados, sobre todo sobre sí mismos, sin embargo, cuando se trata de sondear a los demás. La curiosidad acerca de los demás es el punto donde nada es sagrado, o privada. Si hace esta persona enojada, incluso si es sólo a los que piensan de esta manera, van a disfrutar de algún tipo de venganza. Escorpio parece tener mucha influencia, pero es porque ellos saben mucho acerca de todos los que se salen con la suya. Parece que tienen una influencia en cómo salen las cosas, al final, en cierto sentido, la muerte de las cosas. El que tiene a Venus en este signo tiende a caer otra vez en cualquier cosa que coge sus intereses. Ya se trate de sexo, drogas, arte, música, o lo que sea. Escorpio rige la casa octava y esta es la casa básica de las relaciones sexuales y los órganos sexuales.

CARACTERÍSTICAS FÍSICAS
ESCORPIO

Ellos tienden a tener rostros pequeños con los ojos hundidos y cejas pobladas. Sus bocas no son grandes, y más a menudo que tienen labios pequeños y delgados. Por lo general mantener un cuerpo pequeño y delgado, la mayor parte de sus vidas. Una tez oscura es común también.

CARACTERÍSTICAS EMOCIONALES
ESCORPIO

Se trata de una persona emocional, aquel que no puede darla a conocer abiertamente, pero si usted pasa tiempo con esta gente sabrá cuando se encuentran en un estado de ánimo cobarde. No tengo que decir con palabras. Si mal esta persona a la que se encontrará con una persona impersonal y vengativo con frecuencia. Si sus compañeros de involucrarse con otra persona sexualmente, no puede permitir el divorcio a tener lugar, que en lugar de hacernos a la mano para castigar cualquier forma que elija. Su imaginación puede hacer que se sospecha de cualquier cosa. No pretende ser nacional.

Características mentales
ESCORPIO

Es natural que este signo solar para investigar las cosas, parece que necesitan saber los secretos de todo y de todos. Son inteligentes, con una forma de penetración intelectual sobre ellos.

★

Noviembre-diciembre
HOMBRES
SAGITARIO
Aquí está el aficionado a los deportes. Un hombre muy sociable, pero cuando está de viaje en su compañía se puede encontrar en los partidos de fútbol, ??en la cancha de baloncesto, tal vez la vela, en viajes de esquí, o cualquiera de los eventos deportivos de muchos otros. Se trata de alguien que se arriesga, que pueden aparecer en cualquier número de formas. Juegos de azar de algún tipo podría ser un problema con esta persona, y al mismo tiempo, puede ser un hombre de mente muy teológica. Él disfruta de la vida en el hogar y entretener a amigos y asociados en el hogar. Incluso entonces, cuando los juegos deportivos son, él estará en el foso de los ves por la televisión, tal vez sus amigos masculinos estarán allí también. Si coquetea con otras mujeres, las probabilidades son que no será grave como que no quiere poner en peligro la verdad de su matrimonio. Este es también uno de los mejores mentirosos que jamás puede satisfacer lo que nunca se puede saber cómo es verdad que es para usted.

La promiscuidad con esta persona se lleva a cabo en muchas formas, y este hombre puede ejercer algunos de ellos. Si usted experimenta la ira que surge de esta persona durante cualquier parte de su relación, analizar su relación con cuidado antes de cualquier compromiso a largo plazo se hacen. Como un amante que se llevará a lo que es natural a la vez, sea lo que sea.

★

MUJERES
SAGITARIO

Para amar a esta mujer, es amar a un reto, y para mantenerla a usted mismo es igualmente una tarea. Su independencia requiere que sus amantes o compañeros, darle la libertad incuestionable. Esta mujer y Acuario, son dos signos solares que no son como las demás mujeres. Se puede caer en el amor, y profundamente, pero no es inusual para ellos mantener relaciones sexuales y el amor como partes separadas de sus vidas. Si usted ha sido un amante de una de estas mujeres, que se saben la suerte que ha sido, y por haberla tenido una vez, es para recordar por siempre.

Si quieres conocer a esta mujer muy bien, es mejor que al igual que el aire libre. Si lo que desea es hablar con ella, esperan hacerlo en algún tipo de evento deportivo. Para llegar a conocerla en la oficina puede ser difícil de hacer, ya que es una bola de fuego y la energía. Para atarla el tiempo suficiente para realizar una conexión es un asunto tratando, y si tu quieres saber lo que piensa de ti, todo lo que necesitas hacer es preguntar.

Tenga en cuenta sin embargo, como a veces la verdad puede ser brutal. Si ella te quiere, las probabilidades son que usted lo sabrá antes de la conquista se lleva a cabo. Ella puede estar listo para hacer el amor en un tiempo muy corto, de hecho, ella está lista casi en cualquier momento. Una vez en la vida de esta mujer no trate de cerca de su pulg Si usted intenta controlarla por cercas ella, usted se encontrará con un corral vacío.

Para acercarse a esta mujer tiene que ser directa. No irse por las ramas con ella, y si usted es un hombre débil, no se llega a la habitación con ella. Tienes que ser fuerte, pero no hay que confundir la fuerza con la de un hombre de las cavernas, ya que este no es el tipo de fuerza que se ve en su pareja.

MATRIMONIO

Esto no es alguien que compara al matrimonio fácilmente. Es como poner el helado en un horno caliente y esperar que se quede congelado, no va a suceder. Una vez casados, será un evento inusual para el Sagitario de alejarse de la cama matrimonial. ¡Oh, le puede pasar, pero esto es alguien que tiene que ver con lo que otros piensan de ellos, que puede ser lo que los mantiene en el buen camino. A Sagitario es un buen mentiroso, y pueden detectar una facilidad, y si usted piensa que esto es una persona inculta, piénselo de nuevo.

Algunos de los problemas que tiene con este signo solar como su compañero, son los siguientes. Este es alguien que necesita estar libre. A pesar de que se casan, están en una batalla constante con el sexo opuesto. Como una sola persona es un signo solar que se puede pasear de cama en cama si su pareja es de mente estrecha o restrictiva. Pueden hacer esto sólo para ver si pueden ganar el juego. Ellos tratarán de salirse con casi todo lo que hacen, que parece estar mal por el resto de nosotros, y la mayoría de las veces lo hacen.

TENDENCIAS NATURALES

A pesar de que este signo es conocido por vagar, no hacer esto como una regla. Una vez que hayan elegido a un compañero, es a menudo de por vida. Aún cuando están fuera y alrededor de sus ojos aún están seleccionando a su pareja habitación de al lado para pasar la noche. Puede que no ocurra, pero todavía se puede mirar y considerar la posibilidad de estar con alguien diferente. Sagitario comenzar temprano en la vida a masturbarse y seguir haciéndolo durante la mayor parte de sus vidas. Aunque una persona segura de sí, aparentemente, cuando ocurre un desastre, o problemas graves, se trata de una persona que puede ir a las piezas rápidamente. Tal vez la falla más grande, con un Sagitario es la tendencia a jugar. No importa lo que el deporte es, y puede incluso no ser un deporte que apostar, pero será sobre algo de la casualidad. El enojo puede ser dirigido hacia las personas cercanas a la mano, incluso en el matrimonio. Si se encuentra con uno de los que tienen un problema con la ira, quizás usted debe evitar cualquier participación que le ponga en peligro.

SUGERENCIAS A TENER EN CUENTA

Los signos de fuego, Aries, Leo y Sagitario son muy apasionados, pero cuando se aparean con otros signos de fuego no es una batalla constante por la supremacía en curso. El choque entre ellos por lo general separarlos. Sin embargo, si las dos personas que tengan el planeta Venus en el mismo signo en el momento del nacimiento, su punto de vista sexual es a menudo el mismo. Esto se puede lograr la armonía sexual y con este puede venir satisfacción sexual. Sagitario no se conocen a involucrarse en un comportamiento sexual extraño. A ellos les gusta la vieja usanza normal de toma de amor a su gusto. Géminis es un buen compañero, y Libra puede alterar la normalidad de Sagitario sugiriendo algo así como una variedad, y si se hace correctamente, será agradable para ambos. Aunque Acuario es más a menudo que no es una buena compañera para un Sagitario, si el Acuario tiene a Venus en Capricornio en el momento del parto, puede llevar a cabo una relación sexual que a menudo es más que la de Sagitario puede manejar.

Si no son de naturaleza altamente sexual, se recomienda que se quede fuera de las relaciones con los nacidos entre octubre y marzo, ya que este es el tiempo cuando Venus está en los signos solares destacan por la adicción de ningún tipo. La adicción sexual no es diferente a cualquier otro tipo de drogas que alteran la mente y si no pueden mantenerse al día con las necesidades de las personas sexuales, se encuentra la relación está en problemas. Si experimento, que está bien, pero no hacer un compromiso a largo plazo hasta que esté seguro de la relación se resolverá a su satisfacción.

Usted también debe estar seguro de que son capaces de satisfacer sus necesidades también. Usted no tiene que prestar atención a los signos solares recomendadas para cada grupo a encontrar esta lista en este libro, pero la historia nos dice que es mejor.

NOTAS ESPECIALES

Como un comportamiento promiscuo de doble signo solar puede ser un factor común con este signo solar. Es la propia naturaleza de las señales duales para comportarse de esta manera. Mayoría de las veces cuando están en compañía de un amante en un lugar público, nunca vas a ver la conexión entre los dos. Ellos disfrutan del sexo pervertido, pero sólo después de que haya sido introducido en ellos, e incluso entonces puede tomar algún tiempo para que se abran a esta forma de hacer el amor. El sexo oral también puede ser algo que va a venir a disfrutar. Se ha encontrado que esta persona puede ser un amante que se puede disfrutar del sexo anal como así, pero no darlo por hecho. Esto también, puede no ser una conversión rápida de la conducta sexual normal. Ellos pueden convertirse en amantes ruidosos después de experimentar el placer de dejar de lado los sonidos primarios, cuando culminantes. Hacer el amor afuera, en la tarde también es algo que les gusta hacer. Hablando sexualmente a ellos y utilizando un lenguaje directo puede activarlos. Aun cuando en una relación, de cualquier tipo, esto es alguien que puede encontrarse en la cama con otra persona. Además, aunque esto es un signo dual que puede no ser consciente de que Géminis ', Virgo "y Piscis son signos duales y pueden tener más de un amante, al mismo tiempo, y no necesariamente del mismo sexo.

FUNDAMENTOS
SAGITARIO

Este es otro signo dual, y esto puede ser uno de los mejores mentirosos que nunca se cumplen. A menudo tienen más de un amante, casado o no. Este signo solar, o incluso si se encuentra en ascenso, puede ser difícil para sus amantes. Si no físicamente, entonces mentalmente. Se trata de alguien que le gusta jugar, podría ser cualquier cosa que apostar por, como siempre que tenga oportunidad de participar. Hasta cierto punto se encuentra esta misma condición en que se lleva a cabo con el signo opuesto, Géminis también. Sagitario es el viajero, el vagabundo, el que nunca está satisfecho de permanecer en el mismo lugar. Aparte de Géminis, que es la persona natural de venta, pero por lo general están involucrados en las ventas de las grandes, o las ventas de las cosas grandes.

CARACTERÍSTICAS FÍSICAS
SAGITARIO
Con una alta frente bien redondeado, hay una tendencia a la pérdida del cabello con el tiempo. Una nariz larga se compensa con una boca grande con labios gruesos. Pueden ser un poco en el lado hippie, pero esto no es normalmente observado en cuanto a las patas largas. Su pelo puede ser cualquier cosa, desde el rubio oscuro a castaño rojizo en color. Ellos pueden sentirse inclinados a encorvarse.

CARACTERÍSTICAS EMOCIONALES
SAGITARIO
Pueden ser impersonal en sus emociones, o aparentemente en público. Son atrevidos, impaciente y autoindulgente. A menudo, de corazón abierto y agradable a su lado.

Características mentales
SAGITARIO
Se trata de una persona inteligente, alguien que es filosófica y de conciencia. Normalmente, de buen humor, y curioso. Profesionalmente son muy ambiciosos, a menudo de una manera económica. Consiguen corazonadas, y en su mayor parte, debe prestar atención a las corazonadas. Sin embargo, deben aprender la diferencia entre los presentimientos y deseos. El juego puede ser un problema ya que no tienen miedo a la hora de tomar riesgos.

★

Diciembre-enero
HOMBRES
CAPRICORNIO
Este es un hombre muy sociable y una persona
que puede llegar a ser profundamente
involucrado en la comunidad empresarial. Este
hombre también puede tener su propio negocio, o
estar en un lugar privilegiado, en un negocio. Una
posición que tal vez requiere una indulgencia
social, por su parte. No debería ser una sorpresa
para encontrarlo contemplando una carrera en el
campo político. Él normalmente tiene un gran
sentido del humor y de una manera fácil de él.
Esta es también una persona hacia la tierra, el
que piensa las cosas con lógica. Él a veces
puede parecer un poco aburrido dependiendo de
la compañía en torno a él en ese momento.
Prefiere las relaciones a largo plazo en su vida, el
término "One Night Stand", por lo general no se
aplican aquí. Sin embargo, los intereses a largo
plazo, el amor puede ser un factor en su vida. No
tenga miedo de ser el líder en la búsqueda de un
romance con esta persona, ya que es aceptable.

Esto no es conocido por ser un signo sexual
fuerte, pero si Venus está en Capricornio,
Acuario, o en el momento del nacimiento de esta
persona, que pueden exhibir muy fuerte, y los
deseos lujuriosos.

Si estás en una relación con este hombre y comienza a deteriorarse, no esperes para mantenerlo unido con el sexo, el sexo por sí solo no va a funcionar.

Los hombres y las mujeres, los de este signo solar son propensos a buscar a aquellos que son más jóvenes, o incluso mayores que ellas. Parece como si diez años de diferencia de edad entre ellos funciona bien.

☆
MUJERES
CAPRICORNIO

Se trata de una mujer que bajo las circunstancias adecuadas puede arrojar a un compañero sin ni siquiera mirar atrás. Esto no sucede con frecuencia en su vida, pero puede suceder. Se puede vivir una vida solitaria, pero no desean. Cuanto más viejo se pone más atractivo sexual que puede ser. Como un niño que a menudo es el marimacho y el resultado es que ella pudo haber sido pasada por alto como una chica real. Es como si los chicos no la toman en serio, en cuanto a su lado femenino. Ella también es una niña de papá. Sin embargo, como un adulto que puede ser más de una mujer femenina que muchas otras mujeres. No se debe confundir a esta mujer como "Sólo una mujer", esta mujer es un intrigante, un hacedor de ella, y ella tendrá éxito en su dirección elegida en la vida. Puede ser que sea como director general de negocios, o manejar un negocio propio. Ella es la que está pensando en profesional cuando los demás a su alrededor no son más que andar con paso pesado a lo largo. Ella puede ser tímido, y será un amante muy devoto, cuando el amor se encuentra. Se puede elegir el compañero de malo en que ella puede optar por los perdedores, pero si alguien tiene una ventaja injusta de ella, no será olvidado. Esta mujer es la que sugiere al hombre que ha elegido, que tal vez. "Deberíamos reunirnos en algún momento." Sin embargo, esto es exactamente lo que quiere decir. Cuando ella se entera de lo que, el hombre en su vida le gusta de una mujer, ya sea de piernas, senos, caderas, pelo largo, o lo que sea, va a vestir de tal manera que para mejorar esa parte de sí misma. Ella se señala a los hombres mayores porque se siente que sabe cómo tratar a una mujer, pero ella no dará de sí misma con facilidad. Lo que ella encuentra atractivo es un hombre que tiene valores pasados ??de moda, con un toque de clase, y las maneras de un caballero. Esto no es conocido por ser un signo sexual fuerte, pero si Venus está en Capricornio, Acuario, o en el momento del nacimiento, esta mujer puede presentar deseos muy fuertes y lujurioso. Los hombres y las mujeres, los de este signo solar son propensos a buscar a aquellos que son más jóvenes o mayores que ellas. Parece como si las diferencias entre los diez años de obras de su edad de salir bien.

MATRIMONIO

Este signo solar puede estar demasiado ocupado en su vida diaria para alejarse de la cama matrimonial, de hecho, tal vez demasiado ocupado para pasar mucho tiempo en ella con el cónyuge sea elegido. Este es el político, no importa lo que la plataforma puede ser. El signo solar de Capricornio no es conocido como un signo lujurioso, pero Venus en este signo es otro asunto. Esta persona puede hablar con el sexo opuesto, sobre el sexo, con poca conciencia de sí mismo, sino que es después de todo, un tema de interés mutuo. Este signo solar puede estar demasiado ocupado para hacer las cosas para usted, y tal vez pueda parecer una persona fría.

Algunos de los problemas que tiene con este signo solar, como su compañero son los siguientes.

Tenga cuidado en la elección de este suspiro, como su pareja, y estar seguro de lo que prefieren, hombre o mujer. Cuando en un buen matrimonio con un Capricornio, si se apartan de la cama matrimonial que no será olvidado, ni perdonado. ¿He dicho que no se apartan de la cama matrimonial? No, no lo hice. El sentido del humor es atractiva, pero se invita a todo el mundo. A menudo, la invitación que incluye dejarlos entrar en la intimidad de su hogar. O bien, es que el dormitorio.

TENDENCIAS NATURALES

Capricornio que tienen a Venus en los signos de Acuario o Capricornio, y en la primera casa de su carta natal son muy conscientes de sus necesidades sexuales en curso. Si este planeta debemos caer en su primera casa, su deseo sexual puede estar más cerca de la adición. Venus en Capricornio es una necesidad social sexual que no es que esto puede ser alguien que quiere hacer el amor a cada uno en su círculo social. Bueno, tal vez incluso un círculo más amplio que eso. Esta es una condición en que viven sus vidas enteras, y es en su mente constantemente. Capricornio es un signo del sol que pueden usar el sexo como una herramienta para conseguir lo que quieren. Se utilizan las personas en la misma manera. Capricornio le gusta ser seducido. Si usted es alguien que se interesa por buscar un Capricornio, no seas tímido. Dígales lo que usted desea.

Esta persona puede desear considerar los signos solares nacidos entre octubre y marzo. Estos signos solares pueden tener similares necesidades sexuales. Durante estos meses de Venus se encuentra en Aries, que ser agresivos en la búsqueda de su compañero sexual, que puede mantenerse al día con ellos. Venus en Escorpio puede producir un gran apetito sexual, casi hasta el punto de ninfomanía. Acuario es también alguien que quiere amar a todos, y pueden tratar de hacerlo.

141

SUGERENCIAS A TENER EN CUENTA

Los signos de tierra, Tauro, Virgo y Capricornio
son muy apasionados. A veces se puede dominar
a los demás. En la medida en que otros signos
puede pensar en ellos como alguien que puede
ser un pervertido sexual. Este tipo de actitud de
aquellos que no entienden estos signos solares,
es errónea. Lo que una persona disfruta
sexualmente no puede ser agradable a otro, pero
eso no quiere decir que está mal. Sólo significa
que aquellos que se sienten a alguien es una
rareza sexual, son simplemente ignorantes en el
diseño de la vida de la felicidad y el placer. Sin
embargo, si las dos personas que tengan el
planeta Venus en el mismo signo en el momento
del nacimiento, su punto de vista sexual es a
menudo el mismo. Esto se puede lograr la
armonía sexual y con este puede venir
satisfacción sexual. Capricornio se llevan bien
con los signos de Tauro y Virgo. Escorpio y Piscis
también puede hacer buenos amantes de este signo.

Si usted es una persona muy sexual, es posible
que desee considerar la posibilidad a los nacidos
entre octubre y marzo ya que es la época del año
cuando Venus está en los signos solares
destacan por la adicción de ningún tipo. La
adicción sexual no es diferente a cualquier otro
tipo de drogas que alteran la mente. Si
encuentras a alguien a su gusto no hacen un
compromiso a largo plazo hasta que esté seguro
de la relación se resolverá a su satisfacción.
Usted también debe estar seguro de que son

capaces de satisfacer sus necesidades también. Usted no tiene que prestar atención a los signos solares recomendadas para cada grupo a encontrar esta lista en este libro, pero la historia nos dice que es mejor.

NOTAS ESPECIALES

Capricornio disfrutar de ser el amante en la parte superior al hacer el amor en el estilo misionero, y que son amantes ruidosos. Esta es una muestra del sol que realmente le gusta el sexo oral, dar y recibir la atención de esta manera. También pueden usar el sexo como una herramienta para conseguir lo que quieren de un compañero.

FUNDAMENTOS
CAPRICORNIO

Este es el encantador y una persona que usa a la gente, o utiliza su personalidad para atraer a la gente. Tienen un gran sentido del humor, pero puede venir a través como frío y calculador. Se trata de una persona que debería estar en el negocio por sí mismos, aunque este signo se encuentra en el ascendente, será una persona con visión empresarial. Esto también es un ladrón social, el que toma clips de papel, lápices y papel de origen de la oficina, incluso si éstos no son necesarios. La cleptomanía se encuentra a menudo con esta persona, y esta es la persona que piensa de secuestro como un negocio. Venus en este signo suele aparecer como un problema de adicción de algún tipo. Si Venus se encuentra en la primera casa, así, esto podría ser un depredador sexual muy encantador, pero por lo general de su propio grupo de edad.

CARACTERÍSTICAS FÍSICAS
CAPRICORNIO

Una frente alta, con ojos penetrantes. Una nariz larga puede ser acentuada por los finos labios de la boca. Un mentón estrecho no ayuda a compensar el resto de la cara. Se encuentra a menudo a ser grandes personas huesos, y con las manos y pies grandes.

CARACTERÍSTICAS EMOCIONALES
CAPRICORNIO

No es que alguien se arriesgue, a menudo se inhibió. Si es rechazada por otros, que pueden girar sobre sí mismos. Una sensación de. "Debe ser culpa mía." Puede traer en la autocompasión, que a su vez hará que no perdona y se irrita con facilidad. A menudo, su mente puede enamorarse de algo o alguien, sin idea clara de las razones a través.

Características mentales
CAPRICORNIO

Se trata de una mente poderosa, que se centra en la dirección de los intereses. Una vez que han encontrado una creencia en algo, a su juicio se fija. Este es el diplomático, el político, alguien que aprende a usar a otros para conseguir lo que quieren. La literatura y la ciencia son las direcciones de interés. Este es un humanitaria optimista.

NOTAS ESPECIALES PARA TODOS LOS SIGNOS DEL SOL

En mis conversaciones con aquellos que disfrutan de la esclavitud, me encontré, para mi sorpresa, que las fantasías que favorecen o prefieren leer acerca de, implican la presentación. Una de las razones más prominentes de la necesidad de ser sumiso a menudo es porque ellos mismos son dominantes, o el control de los individuos en su vida cotidiana normal. Ser sumisa elimina de su control personal, y ofrece a sus amantes el poder manipulador. Un cambio de roles que disfruten, ya que se colocan a merced de alguien más.

La idea de ser violada por su amante sin control por su parte, que no sea un acuerdo de hasta dónde llegar, es la alta sexual. En algunos casos, llegar a un clímax sin este tipo de hacer el amor puede ser difícil. Los planetas más frecuentemente implicados en este tipo de naturaleza sexual son Saturno, Marte, Venus y la luminaria que representa a su género.

Esa es la Luna de la mujer, y el sol para los hombres. A menudo, ese planeta luminaria se puede encontrar en la duodécima casa en el momento del nacimiento. La sexta casa, podrían estar involucrados, pero no es tan restrictiva como la duodécima casa. La restricción de los planetas en estas casas puede traer dificultades en la obtención de la meta deseada. Cuanto más cerca del ascenso, el más poderoso de la influencia.

Morbo. Usted tiene que mirar la relación de aspecto entre Venus y Marte, Saturno, Neptuno y Plutón. Es posible que desee mantener a las esposas, cuerdas suaves, consoladores, u otros objetos alrededor que este amante goza. El Sol, en representación de los hombres, o, la Luna representa a las mujeres, puede estar situado en la duodécima casa, pero esto no es siempre el caso.

¿CÓMO Y DÓNDE PARA SATISFACER LAS PERSONAS DE SU ELECCIÓN

La forma de conocer gente muy a menudo se deja al azar, pero eso no tiene por qué ser la forma en que se hace. Se puede controlar la mayor parte del tiempo. A menudo la gente piensa que si van a las discotecas, bares, tabernas y similares, que es donde la gente va a cumplir. Y, sí, pero no los que están en busca de relaciones a largo plazo. Tienes que pensar sobre las cosas que el interés del individuo, y donde estas cosas se llevará a cabo, y que es donde usted va a su encuentro. Voy a enumerar algunos de los elementos básicos para usted en cuanto a cada uno de los doce signos del sol, y usted puede averiguar cuando éstas se llevarán a cabo en su comunidad, o, como cerca como usted puede encontrar.

ACUARIO

Acuario disfrutar de espectáculos aéreos, eventos náuticos, aviones y museos de arte. Al igual que el teatro en vivo, y las personas que se encuentran en esos círculos. Si usted tiene el teatro en vivo en su área tratar de hacer algunos contactos, donde puedes ser invitado a las audiciones, o partes de fundición. Tal vez saber a dónde van después de las actuaciones de la noche se han acabado.

También disfrutan de la vela y el vuelo de aeronaves. Con esto en mente, usted va a querer pasar tiempo en los aeropuertos pequeños, o puertos deportivos. Vela puede ser una de las maneras más fáciles para que participen en este grupo. Usted puede ofrecerse voluntariamente como miembro de la tripulación de un barco de regatas y se puede aprender acerca de esta actividad en la mayoría de las oficinas de la marina.

La astrología es otro interés favorecida, así que si hay una tienda de libros que abastece a este grupo se puede preguntar acerca de las cosas que suceden aquí. Sin embargo, usted debe recordar que este tipo de grupo puede dar lugar a varias ramas, como aquelarres de brujas, sesiones de espiritismo y cualquier cantidad de intereses similares.

También tienen un interés por las aves, por lo que tal vez un grupo de observación de aves en su área puede ofrecer una salida para usted. Este es un grupo de inventiva de la gente, y disfrutar de la exploración. Cantería y mampostería son también cosas de interés para estas personas. Si quieres conocerlos mejor, les invitamos a algo que es inusual.

Tal vez para un espectáculo en el planetario, un "Fly in", en un aeropuerto cercano, una obra de teatro en vivo. Pero no el curso normal de las cosas molino que usted puede hacer todos los días. Incluso puedes invitar a uno de ellos a sentarse en el extremo de una pista de salida en el aeropuerto para ver los aviones van y vienen.

PISCIS

Estas personas se pueden encontrar en varios grupos de extraños, aunque sólo parece extraño a los que no están acostumbrados a sus intereses. Este es uno de los grupos que son similares a los acuarianos en que también se encuentran en lugares similares.

Piscis está interesado en los aquelarres de brujas y las sesiones de espiritismo, como Piscis son personas intuitivas y encontrar a estos grupos de interés, y con frecuencia tienen una cierta capacidad psíquica de los suyos. Ellos disfrutan de los alrededores en abadías, conventos, monasterios y ermitas. También les gusta la clandestinidad de las sociedades secretas, así como espías y las redes de espionaje. Ninguno de los cuales pueden ser fácilmente encontrados.

También les gusta la astrología y los mundos ocultos. La vela es otro de sus intereses y que podría ser una manera fácil para involucrarse en este grupo. Usted encontrará estos son los pescadores y se puede encontrar en los muelles públicos, con una caña de pescar en sus manos.

De vez en cuando puede que le resulte más fácil cumplir con un Piscis en un evento de pesca con el patrocinio de un club local o tienda de deportista. Usted podría preguntar a las tiendas de cebo a lo largo de la línea de costa, si los eventos están programados en un futuro próximo y tal vez como voluntario para ayudar. De esta manera usted estará en el centro del evento y se puede conocer a gente con facilidad.

También debe ser consciente de que hay un buen número de mujeres que están ávidos de los pescadores. La mayoría de los eventos de aguas tienen las personas de Piscis a su alrededor, como las piscinas y eventos de natación. Les gusta la poesía, la escritura y puede ser capaz de localizar un grupo de escritores, donde puedes conocer a este tipo de personas, o encontrar una lectura que se va a tener lugar en su biblioteca local. También les gusta las fantasías y el alcohol. Usted puede explorar la idea de compartir una fantasía con ellos con una copa de vino decente, tal vez una fantasía que los incluye. ¿Quién sabe dónde puede llevar. Trate de tomar al acuario, o paseos por la playa. Si se lo puede arreglar, llevarlos a nadar en el desnudo.

ARIES

Usted tiene que aceptar la idea de un peligro de involucrarse con este grupo, ya que la aventura de esta manera. Una subida de adrenalina son un factor común en sus vidas y viene en muchas formas. Estos son los soldados, policías, bomberos o similares. A pesar de que no siempre las cosas que tienen la energía que conduzca a su paradero. Estos son los talladores de madera, soldadores, los pioneros y los jugadores de ajedrez. Usted puede mirar en un grupo local de talladores de madera, o tal vez un club de ajedrez de encontrar a alguien que le interese. Busque a la persona que lleva algo rojo, y los sombreros son usados ??comúnmente por estas personas. Se trata de alguien que te invitamos a que las vías de tierra raza cercana. Barco de la energía de carreras, sky diving, si se puede manejar uno mismo. Tal vez un combate de lucha libre local, cualquier cosa con algún elemento de peligro.

TAURO

Personas de Tauro gozar de las artes, para incluir el teatro en vivo, y las personas que se encuentran en esos círculos. Si usted tiene el teatro en vivo en su área tratar de hacer algunos contactos, donde puedes ser invitado a las audiciones, o partes de fundición. Tal vez saber a dónde van después de las actuaciones de una noche se han acabado. Exposiciones de arte, estudios de arte y museos. Quizás recitales de piano le expondrá a este grupo también. O, tal vez un coro en algún lugar de su área, como les gusta cantar y musicales.

Se trata de alguien que usted tome al museo o galería de arte. Si vas a cenar, no espere para ir barato, un restaurante de comida rápida no les impresiona.

GÉMINIS

Cualquier cosa que tenga que ver con los viajes, o de la comunicación es donde se encuentran estas personas. Usted puede mirar a su alrededor las librerías y bibliotecas. Usted podría aliviar en una conversación en la sala de lectura como una forma primitiva de comunicación con alguien de este grupo. Si usted tiene acceso a una escuela, se encuentra estos son los maestros y bibliotecarios. También les gusta andar así que quizás un grupo que se reúne para una caminata diaria. Grupos de escritor también se basan este tipo de cuenta en su grupo. Cuando conoces a esta persona, que su don de la palabra listo, cortas historias de humor a pasar bien. Si usted tiene un conocimiento de carácter inusual, pregunte si le gustaría aprender algo acerca de su mundo. Usted podría tratar de llevarlos a algún lugar donde los autores dan las lecturas de su trabajo, o tal vez la poesía. Cuando usted se sienta cómodo, contar las historias de fantasía sexual, sí que pueda hacerlo. Si no es así, trate de encontrar un libro de cuentos para adultos.

CÁNCER

Este es el ama de casa, la persona que le gusta la comida y la cocina. Puede ser difícil de hacer a un conocido en este grupo si no son parte de un barrio donde se puede establecer una conexión. Usted puede encontrarlos en torno al agua, como les gusta la pesca, fuentes, lagos, y los deportes relacionados con el agua. Se encuentran a menudo en el mundo de comerciantes de bienes raíces, o como. Ellos también disfrutan de las ocupaciones de natación y el agua. Si usted puede cocinar, y cuando conoces a alguien así, ofrecerles preparar la cena, y tener un buen vino. Si usted está en su casa y compartió una comida que sea un punto para ayudar a recoger la mesa y lavar los platos, no espere que se le pregunte. Si usted puede organizar un tour en una panadería de cualquier tipo, llevar a esta persona a lo largo. Tal vez un "Hogar y Jardín espectáculo, 'le ayudará a consolidar su nueva relación. Si le sucede a través de una reunión familiar en un parque público, echa un vistazo a las personas que están haciendo la cocina y el servicio, quién sabe, tal vez encuentre a alguien a su gusto.

LEO

Estas son personas apasionadas. Apasionado por lo que sea que están haciendo o con quién están. A ellos les gusta los juegos de cartas, y se pueden encontrar juegos de azar en las mesas de ruleta. Usted encontrará que la organización de picnics familiares o eventos en el parque. A ellos les gusta los eventos sociales, tales como jugar al golf, ir a espectáculos para el entretenimiento de la obra de la moda etapa de edad. Si usted está en un centro turístico, se encuentra esta persona alrededor de la chimenea. Ellos vienen a través como arrogante, pero que se involucran en aventuras amorosas, aunque no a menudo. Si usted está en la casa de alguien, buscar para ellos en el porche, o alrededor de los niños. Si usted tiene un buen zoológico cercano, invitar a esta persona para ir con usted y asegúrese de llevarlos a ver a los grandes felinos. O, si usted está en el zoológico, buscarlos cerca de estas mismas jaulas, ya que están fascinados por estos grandes felinos. Llevarlos a una galería de arte también se daría la bienvenida a como lo haría un buen espectáculo en el teatro.

VIRGO

Se trata de alguien que va a tener animales como mascotas, gatos y perros. Esta sería una buena manera de abrir una conversación con un Virgo. Se trata de una persona mental por lo que los encontrará en las profesiones que requieren pensar. Tales como el trabajo de oficina, puestos de trabajo de la administración pública, o algo que requiere un artesano.

Los veterinarios o maestros son áreas comunes de esta persona que se encuentran, sino que involucró a cualquier cosa con un trabajo minucioso. Usted puede encontrarlos en la biblioteca, si no en el área de sala de lectura, trate de detrás del mostrador. Cuando conoces a esta persona, es mejor estar vestida con ropa limpia, no hablan más o menos, y no mienten. Cualquier cosa que usted puede tomar para que involucra el pensamiento mental. Se trata de una persona que es las manos en el tipo. Por lo tanto, si se les acaricia suavemente con sus manos, a menudo se aceptarán, y disfrutar. Pero no empiezan nuestro ser más fácil de esta manera.

LIBRA

Esta será la persona en las reuniones sociales que parece muy encantador y el uso de la diplomacia cuando es necesario. Una forma de detectar en un grupo es la búsqueda de la persona con caderas anchas, o que ondulan las caderas con un movimiento fácil. Se trata de un artista, y no va a ser de cualquier forma de arte en particular. Los encontrarás en algunas partes del país donde el aire más puro. Ellos disfrutan de la música, pinturas, pianos, la poesía, y extrañamente, los malabaristas. Si sabes de algún evento que contiene uno o más de estas cosas que tienen lugar, hacer una invitación a tomar a lo largo. El teatro en vivo es siempre popular con esta persona, ya que disfrutar de actores y actrices. Se trata de una persona afectuosa, y les gusta el dormitorio. No importa de quién es.

ESCORPIO

No se trata de alguien que usted va a conocer con facilidad, se ve que no se abran y divulgar mucho acerca de sí mismos a cualquier persona. Esta será la tranquilidad, pero el que está haciendo preguntas de los demás y obtener las respuestas, a pesar de que puede parecer sutil. Lo hacen como animales, pero en general los pequeños. Por curiosidad también les gusta la intriga y el misterio se encuentra en lápidas en el cementerio. Este es el tipo de detective de la persona, que lee los misterios y las historias de espionaje. Irritarlos y escuchar el sarcasmo que viene de ellos.

Para conocer a alguien con este grupo que tendrá que hacer un esfuerzo para hacerlo. Esto podría ser una profesión que incluye el trabajo de detective, tal vez un químico, o los secretos de ningún tipo.

SAGITARIO

Se pueden encontrar alrededor de las áreas donde haya animales grandes, o zonas de senderismo. Estos son sus exploradores y los que ven la educación como una necesidad. Ellos disfrutan de la literatura, la filosofía, la política, y en cierta medida, a la moral. A menudo será profundamente involucrado en las creencias teológicas, y la enseñanza. Una ocupación que puede incluir prácticas jurídicas, tal vez un abogado, o incluso un secretario de la corte. Si usted está involucrado con un grupo que viaja mucho, o un viajero de sí mismo, no importa si si es por tierra o por mar, se entra en contacto con este grupo. Por lo tanto, donde para cumplir con ellos puede convertirse en un problema. Casas de la Corte, los establos a caballo, su agencia de viajes local, así como iglesias y colegios. Tal vez incluso en un maratón local de algún tipo. También se puede encontrar en los tractos de carreras y casinos, como les gusta jugar, todavía usted debe tener en cuenta que si te los encuentras aquí, van a dejar su dinero aquí.

CAPRICORNIO

Usted puede encontrar un Capricornio en cualquier lugar de una abadía, en el Océano Antártico. También les gusta las cosas viejas, o cosas que pueden contener secretos. Tales como los sótanos, bodegas, cementerios, iglesias antiguas, relojes, conventos, tumbas y mazmorras. Mientras que usted está navegando en una tienda de antigüedades tal vez, usted puede entablar una conversación con alguien que podría estar allí. Esta es una persona que se involucra en el aspecto político de la vida y la de la administración pública. Su encanto natural abre las puertas para ellos y saben cómo utilizar esta capacidad personal. Usted encontrará este suele ser el dueño de un negocio, no necesariamente un gran negocio, pero que requiere de las manos en propietario. Si crees que has conocido a un Capricornio, les pregunto lo que les gusta coleccionar, porque las probabilidades son que recogen algo.

SECCIÓN SEGUNDA - PERSONALIDADES

En la sección que aprendió acerca de la naturaleza individual de las personas, en esta sección se explica cómo se puede determinar su personalidad. Voy a explicar la diferencia entre los dos y cómo entran en juego en la vida. El individualismo se determina por la fecha de nacimiento, la personalidad está determinada por la hora de su nacimiento. A menudo, la parte individual de su naturaleza es modificada por la personalidad, y no se ajusta a la descripción normal de su signo solar que leer. En este punto, te recomiendo que leas los dos signos solares para la individualidad y el signo del sol de la personalidad. Esto le dará una idea bastante clara de la persona que está investigando y preocupa.

Un ejemplo sencillo de esto podría fluir como sigue. Digamos que un hombre nace como un Aries. Ahora Aries es un signo de agresión, o una gran cantidad de afirmación de sí mismo en cualquier camino que decidimos seguir. Este es el signo de los bomberos, policía o soldado. Uno que disfruta de peligro en cierta medida. Sin embargo, si ha nacido a las seis de la tarde, tendría la personalidad de un Libra.

Este signo ascendente puede hacer dócil y, potencialmente, a alguien que no le gusta la falta de armonía. Alguien que está más en las artes, más que la de una actitud belicosa. Es frecuente encontrar que las dos cosas, el individualismo y los rasgos de personalidad, en cada persona que conozcas. En este caso, todavía podría ser un policía, pero haciendo el trabajo de algo así como la de un negociador de rehenes.

La personalidad que comúnmente se desarrolló sobre la edad de cinco a siete años de edad. Sucede en ese momento porque los niños se nos permite a esas edades para jugar y mezclar con otros niños. Como todos saben y entienden los niños no siempre son amables en su trato con los demás que entran en su ámbito de barrio. Es debido a este hecho que, como el nuevo chico en el bloque, se pone un frente falso. Un frente que parece que te protegerá, al menos en algún grado. Se trata de un frente falso que los otros acepten, y esta falsa fachada es su personalidad de larga duración. El signo del sol que aparece en la cúspide de la casa primero es el de su personalidad.

Voy a explicar a usted cómo descubrir lo que es una personalidad personas mediante el uso de un gráfico simple que se puede adaptar para cualquier persona, y nacer en cualquier momento del día. A continuación encontrará seis cartas. En la columna de tiempo de la derecha de la tabla de cuatro, de 8:00 a 10:00 pm, usted encontrará que un Aries nacidos entre los marcos de tiempo tendrá un signo de Libra ascendente, lo que es la personalidad. En este punto, leer tanto sol raciones signo de la sección uno. Será la personalidad que se puede ver como la parte más familiar de la persona, pero no siempre.

CARTAS DE LA PERSONALIDAD

Los tiempos de nacimiento utilizadas aquí son para los plazos fijos, incluso por hora. Sin embargo, las probabilidades son todavía proporcionará la señal ascendente correcta con un tiempo de nacimiento de una hora más o menos el factor a cada lado de las horas que figuran en estas tablas.

Un gráfico

Señale	de Tiempo	Pers	Señale	de Tiempo	Pers
6:00 a 8:00 AM			8:00 a 10:00 AM		
Acuario	↕	Acuario	Acuario	↕	Pis
Pis	↕	Pis	Pis	↕	Aries
Aries	↕	Aries	Aries	↕	Tau
Tau	↕	Tau	Tau	↕	Gem
Gem	↕	Gem	Gem	↕	Can
Can	↕	Can	Can	↕	Leo
Leo	↕	Leo	Leo	↕	Vir
Vir	↕	Vir	Vir	↕	Lib
Lib	↕	Lib	Lib	↕	Sco
Sco	↕	Sco	Sco	↕	Sag
Sag	↕	Sag	Sag	↕	Cap
Cap	↕	Cap	Cap	↕	Acuario

Los tiempos de nacimiento utilizadas aquí son para los plazos fijos, incluso por hora. Sin embargo, las probabilidades son todavía proporcionará la señal ascendente correcta con un tiempo de nacimiento de una hora más o menos el factor a cada lado de las horas que figuran en estas tablas.

Dos Gráfico

Señale	de Tiempo	Pers	Señale	de Tiempo	Pers
10:00 a 12:00 PM			12:00 a 2:00 PM		
Acuario	↕	Aries	Acuario	↕	Tau
Pis	↕	Tau	Pis	↕	Gem
Aries	↕	Gem	Aries	↕	Can
Tau	↕	Can	Tau	↕	Leo
Gem	↕	Leo	Gem	↕	Vir
Can	↕	Vir	Can	↕	Lib
Leo	↕	Lib	Leo	↕	Sco
Vir	↕	Sco	Vir	↕	Sag
Lib	↕	Sag	Lib	↕	Cap
Sco	↕	Cap	Sco	↕	Acuario
Sag	↕	Acuario	Sag	↕	Pis
Cap	↕	Pis	Cap	↕	Aries

Los tiempos de nacimiento utilizadas aquí son para los plazos fijos, incluso por hora. Sin embargo, las probabilidades son todavía proporcionará la señal ascendente correcta con un tiempo de nacimiento de una hora más o menos el factor a cada lado de las horas que figuran en estas tablas.

Tabla de tres

Señale	de Tiempo	Pers	Señale	de Tiempo	Pers
2:00 a 4:00 PM			4:00 a 6:00 PM		
Acuario	↕	Gem	Acuario	↕	Can
Pis	↕	Can	Pis	↕	Leo
Aries	↕	Leo	Aries	↕	Vir
Tau	↕	Vir	Tau	↕	Lib
Gem	↕	Lib	Gem	↕	Sco
Can	↕	Sco	Can	↕	Sag
Leo	↕	Sag	Leo	↕	Cap
Vir	↕	Cap	Vir	↕	Acuario
Lib	↕	Acuario	Lib	↕	Pis
Sco	↕	Pis	Sco	↕	Aries
Sag	↕	Aries	Sag	↕	Tau
Cap	↕	Tau	Cap	↕	Gem

Los tiempos de nacimiento utilizadas aquí son para los plazos fijos, incluso por hora. Sin embargo, las probabilidades son todavía proporcionará la señal ascendente correcta con un tiempo de nacimiento de una hora más o menos el factor a cada lado de las horas que figuran en estas tablas.

Gráfico de Cuatro

Señale	de Tiempo	Pers	Señale	de Tiempo	Pers
6:00 a 8:00 PM			8:00 a 10:00 PM		
Acuario	↕	Leo	Acuario	↕	Vir
Pis	↕	Vir	Pis	↕	Lib
Aries	↕	Lib	Aries	↕	Sco
Tau	↕	Sco	Tau	↕	Sag
Gem	↕	Sag	Gem	↕	Cap
Can	↕	Cap	Can	↕	Acuario
Leo	↕	Acuario	Leo	↕	Pis
Vir	↕	Pis	Vir	↕	Aries
Lib	↕	Aries	Lib	↕	Tau
Sco	↕	Tau	Sco	↕	Gem
Sag	↕	Gem	Sag	↕	Can
Cap	↕	Can	Cap	↕	Leo

Los tiempos de nacimiento utilizadas aquí son para los plazos fijos, incluso por hora. Sin embargo, las probabilidades son todavía proporcionará la señal ascendente correcta con un tiempo de nacimiento de una hora más o menos el factor a cada lado de las horas que figuran en estas tablas.

Gráfico Cinco

Señale	de Tiempo	Pers	Señale	de Tiempo	Pers
10:00 PM a 12:00 AM			12:00 a 2:00 AM		
Acuario	↕	Lib	Acuario	↕	Sco
Pis	↕	Sco	Pis	↕	Sag
Aries	↕	Sag	Aries	↕	Cap
Tau	↕	Cap	Tau	↕	Acuario
Gem	↕	Acuario	Gem	↕	Pis
Can	↕	Pis	Can	↕	Aries
Leo	↕	Aries	Leo	↕	Tau
Vir	↕	Tau	Vir	↕	Gem
Lib	↕	Gem	Lib	↕	Can
Sco	↕	Can	Sco	↕	Leo
Sag	↕	Leo	Sag	↕	Vir
Cap	↕	Vir	Cap	↕	Lib

Los tiempos de nacimiento utilizadas aquí son para los plazos fijos, incluso por hora. Sin embargo, las probabilidades son todavía proporcionará la señal ascendente correcta con un tiempo de nacimiento de una hora más o menos el factor a cada lado de las horas que figuran en estas tablas.

Tabla de seis

Señale	de Tiempo	Pers	Señale	de Tiempo	Pers
2:00 a 4:00 AM			4:00 a 6:00 AM		
Acuario	↕	Sag	Acuario	↕	Cap
Pis	↕	Cap	Pis	↕	Acuario
Aries	↕	Acuario	Aries	↕	Pis
Tau	↕	Pis	Tau	↕	Aries
Gem	↕	Aries	Gem	↕	Tau
Can	↕	Tau	Can	↕	Gem
Leo	↕	Gem	Leo	↕	Can
Vir	↕	Can	Vir	↕	Leo
Lib	↕	Leo	Lib	↕	Vir
Sco	↕	Vir	Sco	↕	Lib
Sag	↕	Lib	Sag	↕	Sco
Cap	↕	Sco	Cap	↕	Sag

CICLOS DE RELACIÓN

Todas las relaciones tienen un principio y un final. No importa qué tipo de relación es, civil, sólo amigos, empresas, vecinos, todos ellos tienen un punto de partida y que todo llegará a su fin en algún momento en la vida. En este libro se trata de implicaciones personales ya sea para el amor y el sexo, o simplemente sexo. Estos también, siga el mismo ciclo como cualquier otro tipo de unión. El ciclo que voy a explicar a usted aquí, no podrá llevarse a cabo exactamente como se lo explico a sus eventos, sino que estará cerca y usted debe prestar atención.

Una relación es un contrato personal entre usted y otra persona, no importa qué tipo de unión que es. Este tipo de contrato está representado por la séptima casa en la carta de una persona, que, como se recordará está en oposición a la primera casa. El resultado de esta oposición es que las cosas que tienen lugar y la forma de la séptima casa puede trabajar contra usted personalmente. El tiempo de la relación se inicia es el nacimiento de esa relación y esto es cuando la vida de relación comienza. Es también cuando el ciclo comienza. Hay cuatro etapas de este ciclo para fluir a través de, y voy a explicar brevemente para usted.

Por lo general los primeros cuatro años más puede ir como la seda, sin embargo, puede haber algunos baches en el camino. Sin embargo las cosas parecen estar bien y seguir. Cerca del período de cuatro meses al año y seis años, una de las partes podrá ver, o conocer a alguien que de su interés. Las ideas de explorar una relación con esa persona puede o no puede tener lugar, pero una semilla de interés ha sido plantada. Astrológicamente esto sería considerado un aspecto cuadrado, o un período de problemas potenciales.

A los nueve años la relación ha llegado a una oposición a sí mismo, o trabajando en contra de sí mismo. En este momento uno o ambos de las personas involucradas, de nuevo se puede conocer a alguien que los mueve de una manera significativa. Esto incluso podría ser una renovada amistad con el pasado, o uno completamente nuevo. Esta vez, sin embargo, algo que podría llevarse a cabo, algo de naturaleza exploratoria que puede resultar en un enlace permanente. Esto puede, por supuesto, llevar el principio del fin de la intervención actual.

Si la relación se ha conseguido a través de la parte de nueve años del ciclo, es probable que obtener a través de la zona siguiente problema potencial que lleva a cabo en trece años seis meses, y usted puede preguntarse por qué dicen que el trece es un número de mala suerte.

Esto es de nuevo una posición astrológica cuadrado para el inicio de la relación y un tiempo cuando una nueva persona puede entrar en el cuadro actual relación. También puede ser uno que causa problemas, ya que puede remover la olla de los sentimientos y deseos sexuales.

La parte fundamental de este ciclo se lleva a cabo a los dieciocho años y dos meses, más o menos. Esto se conoce como el ciclo de unión, pero tiene el mismo efecto en todas las relaciones. El mismo ciclo se ha cerrado su ciclo desde el punto de partida y lo que se ha llegado a su fin. Más a menudo de lo que creen, esto es cuando muchos aspectos íntimos y personales llegará a su fin. El final puede ser fácil, porque tanto la gente a entender lo que ha sucedido, y que es hora de ir en nuevas direcciones. También puede terminar en la amargura. El tipo de individuo que ha estado involucrado con y tenía un acuerdo con le puede dar una indicación de cómo va a terminar, y por qué.

Si han sobrevivido al ciclo de 18,2 años, las probabilidades son que usted seguirá para sobrevivir en su relación en los próximos años. Tal vez toda la vida.

CASA DE INFLUENCIAS
Elementos de la Casa
Hay doce casas usadas en astrología y en la delimitación de las cartas natales. Cada uno de ellos tiene una cierta influencia de una naturaleza particular. Tenga en cuenta que el borde delantero de cada casa es conocida como la "cúspide" de la casa, o el comienzo de esa casa. Yendo en orden secuencial a partir de la primera casa, que son los siguientes.

Primera casa

Esta es la casa del ser físico, y la del tipo de cuerpo. Aquí es también donde se encuentra donde la personalidad de las personas de su origen, así como sus hábitos personales y la perspectiva de la vida. La personalidad es más a menudo formada por la edad de siete años, aunque esto pueda parecer pronto para usted, no lo es. A menudo, una de las enfermedades de los sufre en la vida se encuentra asociado con el signo del sol se encuentra en este cúspide de la casa también. Otra cosa para recordar acerca de esta casa es que nosotros, como individuos, aprender sobre el amor y la intimidad de esta ubicación en nuestra carta. Esto comienza en el nacimiento y se entiende con mucha frecuencia por el niño antes de la edad de dos años y cuatro meses. Se re-evaluado de nuevo entre los años de veintiocho y treinta años y cuatro meses. Un tiempo en que algunas decisiones difíciles se hacen para los años venideros las personas. A la edad de cincuenta y seis años a la edad de cincuenta y ocho años y cuatro meses, se encuentra la mayoría de la gente que hace otro cambio en la dirección de su vida. Este podría ser el tiempo que tiene que tener una mirada a los años de jubilación por delante.

Segunda casa

Aquí es donde la casa donde los sentimientos acerca de nuestras pertenencias personales se origina. Las pertenencias personales que incluir nada en nuestras vidas, también incluyen no sólo los elementos materiales físicos, sino los de la familia también. En cierto sentido, esto es una casa de la herencia personal que viene a través del matrimonio o, posiblemente, la pérdida de los mismos.

Por sorprendente que pueda parecer a la gente, aprendemos acerca de nuestros propios valores personales entre las edades de dos años y cuatro meses y cuatro años, ocho meses. Estos valores pueden enfrentarse a los cambios durante un período de lucha entre las edades de treinta años y cuatro meses, y treinta y dos años, ocho meses. De nuevo a la edad de cincuenta y ocho años y cuatro meses, a sesenta años, ocho meses. Esta es también una casa sexual y el signo del sol se encuentra en esta casa podría ser una de sus consideraciones signos más compatibles sol.

Tercera casa
Aquí es donde la persona aprende de sus creencias morales, filosóficas y religiosas, que no debe confundirse con sus puntos de vista teológicos sobre la vida. Esto se encontró que la casa de la comunicación, ya sea verbal o la de la palabra escrita. También tiene una influencia sobre los viajes a corta distancia. En primer lugar, aprender a comunicarse cuando están entre las edades de cuatro años, ocho meses y siete años. En cierto sentido, esto se refiere a su vecindario, sobre todo cuando era niño. Esta casa también tiene que ver con los hermanos y hermanas. A la edad de treinta y dos años, ocho meses a treinta y cinco años que se va a experimentar una vez más esta casa, sólo que esta vez puede pasar a una nueva área. Esto hará que las personas nuevas en tu vida, y, posiblemente, nuevos amantes también.

Cuarta casa

Aquí es donde podemos aprender acerca de los honores, la opinión pública y la reputación, así como otras ambiciones de la persona que usted está interesado en conocer mejor. Estas son cosas que entran en juego en la vida de entre las edades de treinta y cinco y treinta y siete años y cuatro meses. Aunque no se limitan a este marco de tiempo, ya que podría tener lugar en un momento posterior en la vida también. La vida en el hogar se encontró que se asocia con esta casa. Además, la influencia de los padres, o la de un hombre fuerte influencia, ya sea un padre, abuelo, o la de un tío. La afición de la casa que se aprende entre las edades de siete años y nueve años y cuatro meses. Se convierte en un refugio de seguridad de las influencias externas.

Quinta casa

Esta es la casa que tiene un fuerte vínculo con los niños, y los amamos la vida. Las relaciones amorosas pueden comenzar aquí. La primera de ellas pudo haber sido entre las edades de nueve años y cuatro meses a once años, ocho meses. Si usted le dice a otros acerca de que a esta temprana edad, se hizo pasar por un capricho. Si va a haber una historia de amor fuera de la unión matrimonial, puede comenzar aquí. Además, hasta cierto punto, la toma de riesgos, o de los juegos de azar de algún tipo. Nuestros primeros amores podría empezar aquí entre las edades de nueve años y cuatro meses, a once años, ocho meses.

Sexta casa

Si tu pareja el amor tiene un secreto escondido, o enemigos, este es probablemente el lugar donde esconderse. Si tienen problemas con la mala conducta, se puede encontrar aquí. Una estancia en el centro de detención juvenil puede venir de la casa también. En cierto modo lo podría hacer en esta casa como una de las restricciones. Más a menudo que no, nuestra primera introducción a hacer un ingreso de ningún tipo, puede comenzar aquí entre las edades de once años, ocho meses, a catorce años de edad. Podría ser rutas de papel o de niñera. Esta casa es conocida como la "Casa de servidumbre", que no significa que la persona va a ser un siervo en la casa de alguien, significa simplemente un lugar donde se aprende qué es lo que puede hacer en la vida para ayudar a otros. También es donde algunas enfermedades se pueden descubrir. Ellos serán la clase asociada con el signo del sol se encuentra en esta casa en el momento del nacimiento.

Séptimo casa

La séptima casa representa a las asociaciones de cualquier tipo, los negocios, relacionado con el trabajo, o estado civil. También está en la oposición a la primera casa de uno mismo. Esto es, en cierto sentido, un lugar de los contratos. Ahí es donde los acuerdos de algún tipo que le hacen, a pesar de que no sea jurídicamente vinculante. Así que, en definitiva, cosas que hacer en cuanto a la séptima casa no siempre son buenos para nosotros mismos. Un ejemplo de esto sería la edad de cuarenta y dos años a cuarenta y cuatro años y cuatro meses. Esto es cuando tienen lugar la mayoría de crisis de mediana edad, ¿por qué es lo que sucede, usted sabe por qué lo hacen. Alguien, o algo más viene a nuestras vidas.

Octava Casa

Esto se conoce como la casa de la muerte, aunque puede que no sea una muerte física. Simplemente puede ser que las cosas llegan a su fin. Esta es una casa sexual y el signo del sol se encuentra en esta casa podría ser uno de los signos más compatibles con el sol a considerar. Esto podría ser asuntos de amor antiguas, las asociaciones pasadas de ningún tipo, y cuando llegue aquí por tercera vez en la vida a la edad de setenta años a setenta y dos años, cuatro años y cuatro meses, su vida sexual bien puede ser más, o muy cerca el final. Esta es la casa de dinero de otras personas, lo que podría ser una lotería ganado, una herencia, de algo de la misma clase. Esta es también la localización del dinero de la pareja o de bienes muebles.

Novena casa

La casa de las leyes, moral e imaginarios. Cuando conoces a alguien que es de devotos creencias teológicas, tendrán planetas en esta casa. La novena casa también se ocupa de las relaciones familiares matrimoniales. Este es el lugar donde la gente se encuentran a la edad cuando se deciden a obtener una educación superior. A veces, a la edad de cuarenta y seis años a cuarenta y nueve años, ya que es cuando una gran cantidad de padres de volver a la escuela de sus hijos se han ido a perseguir sus propias vidas, y ahora con los niños pasados ??se sienten la necesidad de terminar aprendizaje de un conocimiento deseado. Este es el lugar donde los escritores les gusta encontrar, ya que es la casa de publicaciones. Esto puede ser en su manera de hablar se forma, la "voz del escritor."

Décima casa

Las profesiones liberales son lo que esta casa es todo. Su elección de carrera se encuentra a menudo aquí, aunque cuando uno habla con gente que es infeliz en su trabajo, puede ser un conflicto de la señal en esta cúspide de la casa y la de su cúspide de la casa en primer lugar, sí. Todos sus amigos y relaciones serán ahora los hombres, envueltos por esta parte de su vida. Muy a menudo las personas se les ofrece una elección vocacional cuando llegan a esta casa por primera vez en veinte años de edad. La próxima vez que pasan por aquí se va a encontrar están en la cima de su vida profesional, no necesariamente el final de la misma, pero la mejor parte de lo que se refiere entre las edades de cuarenta y nueve años y cincuenta y un años y cuatro meses. Si Venus se encuentra en esta casa en la carta natal de alguien, las probabilidades son que tendrá amores con alguien de su oficina de trabajo, o lugar de trabajo.

Undécima Casa

Los amigos son lo que la undécima casa se trata. Ya sea familiar, empresarial o profesional. Esto también, es una casa sexual y si tiene a Venus en esta casa que puede causar problemas. El problema es que puede incluir alguien que usted conoce. Como dice el dicho. "Eso es lo que son los amigos." ¿Por qué amar a un árbol cuando uno puede amar a todo el bosque?

Duodécima casa

El lugar de los secretos y cosas ocultas, y las búsquedas más personales de cualquier tipo se encuentran a su origen aquí. Es la casa de la ilusión, real o imaginado. Si hay complicaciones en la unión marital de las razones puede encontrarse al acecho aquí. Si el sol de las personas se encuentra en esta casa en el nacimiento, que se limita de alguna manera por su pareja. Física o mentalmente. Esto se conoce como el lugar ideal para estancias en el hospital, ni siquiera para ir a la cárcel o prisión. Esto no significa que usted se encontrará como un paciente, o preso, que podría ser simplemente uno de los empleados. Si, sin embargo, no se han mantenido las vías de su salud física, tienes frío te encuentras bajo el bisturí y con una sobrecarga de luz blanca brillante.

MATRIMONIO

Tal vez acabas de conocer a alguien que ha despertado los sentimientos apasionados, y la íntima. La química del amor o la lujuria se apodera de tu vida y todo ello va a la derecha por la ventana. Tal vez no son conscientes de que existe la posibilidad de que la química puede ser mal entre ustedes dos.

El deseo de otra persona en nuestras vidas nos puede llevar por el camino equivocado, mientras que la búsqueda de la pareja correcta. Esto sucede a menudo, incluso cuando ya tenemos un compañero, o un compromiso con alguien en la actualidad en nuestras vidas. El problema encontrado por la mayoría de la gente es que tratan de hacerse una pareja con una persona que han elegido, y tal vez, incluso cuando sus propias necesidades personales no coinciden con las necesidades de otras personas correctamente.

Con las parejas casadas, cuando uno de los ciclos problema del matrimonio se lleva a cabo a menudo se tiene el efecto de poner fin a un matrimonio aparentemente sonido. La mayor parte de esto tiene lugar en momentos en que las parejas están bien establecidos, financiera y en el país. Una vez que que, en calidad de observador, podría pensar que todo está bien, y puede haber sido.

Este ciclo se interrumpe un particular, el matrimonio, a menudo terminan, al llegar a la madura edad de 18,2 años. Hay muchos matrimonios que terminan antes y después de este lapso de tiempo, pero este ciclo particular es consistente y permanente. Hay varios factores que contribuyen a ello, algunas de las cuales pueden despertar su interés se discuten aquí.

En cierto sentido, uno pensaría que el ciclo de 18,2 años conyugal involucrará a todos los grupos de edad matrimoniales, pero no es así. Cuando se considera que uno de los primeros grupos de edad a sufrir momentos de estrés, en relación con el matrimonio, o relaciones aparentemente sólidas, es menos de treinta años de edad. Un factor de la edad que requiere que la pareja ha comenzado la relación a la edad de doce años. Sin embargo, una vez que había un Sagitario de doce años de edad, me dicen que no se casan, pero que esperar por ella. Así que, ¿quién sabe?

Las razones para el divorcio son causadas generalmente por las circunstancias provocadas por las infidelidades sexuales,

o incompatibilidades debido al crecimiento mental. Estas no son las únicas razones por las que el dinero es un corredor de cerca. La mejor posibilidad de éxito en el matrimonio por primera vez, es cuando las dos personas que están sobre la edad de veinte años.

Por lo menos la edad de veinte años para las mujeres y la edad de veinte y tres o cuatro para los hombres es el mejor. Los hombres mucho más jóvenes que esto son, por regla general, que no está preparado para el compromiso matrimonial. A menudo, es simplemente porque no son lo suficientemente maduros. Esta es la razón por la que muchas mujeres se sienten atraídos por los hombres

mayores.

DIVORCIO

No es inusual para dos personas para pasar año tras año frustrado con la pareja equivocada. A veces usted se encontrará con una pareja mayor que apenas se parecen a vivir unos con otros, y que sólo puede apenas se llevan unos con otros. La discusión constante que tiene lugar entre ellos todos los días pone a su familia en posiciones incómodas. Incluso sus hijos no quieren estar cerca de ellos a causa del estrés. ¿Eligieron el compañero equivocado cuando eran más jóvenes, a continuación, permanecer juntos por el bien de los niños? Sabes que pasa, pero lo que es una vergüenza y un precio tremendo. Se podría haber evitado mediante una mejor opción en el principio. También debería haber llegado a su fin hace mucho tiempo.

El ciclo de la edad más sensible, para que las personas se divorcian, en promedio, 29,45 años. Fricción en los matrimonios de este grupo de edad se inicia cuando los individuos son cerca de 26 años de edad. En el momento en que son 28 años de edad, saben que muchos de los problemas en sus vidas están siendo alimentadas, no sólo por sí mismos, sino también por su estado civil, o, a veces compañeros de las uniones no matrimoniales. Uno de ellos, o el otro implicado en la sociedad conyugal, será tirar del enchufe en la relación y pedir el divorcio, o al menos buscar un final a la relación. Este grupo de edad particular, a menudo quiere su libertad tan mal, parece que trabajar en contra de sí mismos en la obtención de su libertad. Cuando esto sucede, se colocan en otro ciclo de siete años. Este próximo período de siete años del ciclo consiste en luchas personales que van desde la amistad monetarios, el cambio y tal vez incluso en movimiento a un área completamente nueva. Después de una separación de los caminos ha tenido lugar, las dos personas deben ahora mantener dos casas separadas, y aún así ser capaz de comunicarse con la familia de los ex-cónyuges, si se trata de niños.

Doblando la esquina

Puede parecer como si nunca se librará de los problemas que encuentre en curso después de un divorcio, o la terminación de una relación a largo plazo. En primer lugar, es como si estuviera completamente solo en el mundo, entonces usted encuentra que no puede ganarse la vida como su dinero no llega en tan sólo se apaga. Sin embargo, hay un ciclo de vida positivo que comienza cerca de 35 años de edad. Esto tiene lugar después del período de seis-siete años lucha que entró en su vida acerca del ciclo del divorcio de 29,45 años, y ha estado jugando un papel fuerte en esta parte de su vida. En este momento la resistencia del pasado, y las luchas, comenzará a desaparecer. Esto se está convirtiendo en la esquina para muchas personas, y una espiral ascendente continua de mejores cosas por venir. Bueno, casi. Hay un ciclo más para trastornar unos pocos matrimonios, que sabemos acerca de esta parte de la vida, la llamamos la crisis de mediana edad.

Crisis de los cuarenta

En cierto sentido se podría pensar que el ciclo de 18,2 años conyugal sería el final de esta clase de tonterías estresante, pero no lo es. Se ha encontrado que la desaparición próxima contribuir a los matrimonios cuando uno de los socios, o el otro, entra en lo que hemos venido a llamar, la crisis de la mediana edad de la vida. Las cosas personales de empezar a tomar lugar en un punto en la edad de una persona, que parece como si pudiera ser demasiado tarde para hacer cambios importantes en el estilo de vida de uno. Usted oirá decir: "Me acabo de encontrarme a mí mismo." ¿No es interesante señalar que por regla general, cae sobre la edad de 42-44? En realidad no es, pero es parte del mismo ciclo. Sin embargo, es como si estuviéramos trabajando en contra de nosotros mismos, y en contra de nuestras propias familias. Parece como si se trata de un tiempo para que el coche de lujo nuevo de los deportes, y tal vez a alguien nuevo ha entrado en nuestras vidas, alguien que atrapa nuestra imaginación y nos hace sentir más joven de lo que realmente son.

En realidad esto es casi lo que sucede a cada uno de nosotros, sin embargo, es ligeramente diferente, tanto para el hombre y la mujer. En muchos casos, las edades pueden ejecutar desde 42 a 46, más o menos.

El macho de nuestra especie, a esta edad, está tratando de mantener su virilidad y su capacidad para atraer a las mujeres, especialmente las mujeres más jóvenes que él. Parece que esta es la última oportunidad de ser un hombre de la competencia. Al mismo tiempo, quiere conservar lo que ha trabajado toda su vida a alcanzar.

Sin embargo se toma la oportunidad, posiblemente tirar todo por la borda por una última aventura en la vida. A menudo, una aventura muy costosa.

La hembra sin embargo, es ahora llegar a un punto en su vida donde ella está experimentando su mayor satisfacción sexual. Este es un momento en que se ha desechado a las inhibiciones de los años anteriores. Ahora ella se entera de que ella realmente puede disfrutar de una pareja sexual. Ella pone su todo en la relación, e incluso puede devorar a un hombre que ha pensado en ella como tímido o retraído.

LA ÚLTIMA OPORTUNIDAD
Para aquellos de nosotros, que no puede haber hecho el cambio para mejor a la edad de 29 años, al llegar a la edad de 56 años parece ser la última oportunidad de librarnos de una mala relación. O bien, tenemos una última oportunidad para comenzar de nuevo.

Mirando de nuevo

Un factor que contribuye a muchos de estos problemas es otro ciclo que escuchamos poco. Se trata de una maldición de la humanidad en general, hombre o mujer no importa. Es un ciclo que interfiere con nuestra vida, aunque puede ser una de la mente inconsciente. Su influencia es la que trae muchas situaciones tristes de soportar. No parece importar que usted puede tener una pareja ya, así su naturaleza. Si usted es soltero, este ciclo no puede tener un profundo impacto en su vida, ya que este ciclo es el que tiene lugar cada siete u ocho años. Es decir, el buscar una nueva pareja.

SU felicidad conyugal, o es él?

¿Por qué es que algunos matrimonios están vivos, y muy saludable, mientras que otros mueren miserablemente? A menudo, las razones son muy simples, es una cuestión de entendimiento en el que se encuentran en su vida. Para algunas personas esto puede parecer un pensamiento extraño, pero el resultado de su matrimonio puede depender de donde usted y su pareja están en sus ciclos de vida individuales. Usted, como lector, se necesita leer este libro para decidir lo que realmente eres, y qué signo solar podría ser mejor para usted.

La honestidad sí es crucial, y aunque algunos de los signos solares usted puede leer sobre el sonido como una posibilidad interesante para usted, tenga cuidado, podría ser un buen momento a su cargo. Ninguno de los signos solares son perfectos, aunque muchos de ellos piensan que son.

Hay unas pocas personas afortunadas que parecen encontrar una pareja a la del alma para la vida. Los vemos en los supermercados, en las aceras, en los parques, que son la pareja cogidos de la mano mientras caminan. No es un poner, y es real. Es fácil ver que andan camino de la vida juntos. Cuando encuentra uno, se encuentra el otro, es como si nunca quieren estar separados. La mayoría sólo parecen haber tenido suerte, pero en realidad es el sabio que ha elegido a su pareja con cuidado.

SECCIÓN TERCERA

Esta sección puede ser más fácil de entender si usted tiene una carta natal en el individuo que está buscando. Sin embargo, la información será de utilidad a usted con sólo tener a la mano y ser capaz de referirse a ella de vez en cuando.

El problema es. . .

No sólo es Venus un problema en algunas señales, sino que también pueden ser más de un problema en cualquiera de las doce casas. Venus indica que el amor, o los placeres de la vida, entran en juego. Recuerde que los disfrutes a menudo conducen a una indulgencia más de lo que nos da placer. La posición de la casa le puede decir cómo esas influencias pueden tener lugar. Vamos a discutir los efectos más pesados ??de la casa natal de Venus, y luego vamos a revisar las casas restantes. Al leer esto, usted encontrará las casas no están en orden secuencial.

VENUS EN LA PRIMERA
CASA DE LA PERSONALIDAD

Con Venus en la casa en primer lugar, el impulso sexual de alto se hace más evidente. Es más difícil tener a Venus en esta casa, porque ahora es un personal y una influencia física. Venus en cualquier casa hará que más de la indulgencia en aquellas partes relacionadas de la vida, pero aquí en tiene que ver con la existencia física del individuo y la unidad.

La mayoría de los problemas que implica la actitud y las opiniones de la persona, y cualquiera de ellos puede causar problemas.

La actitud es lo que quieren para satisfacer sus deseos y antojos, independientemente de los gastos personales a su vida privada, o del público. Su opinión es que pueden cumplir con estos deseos, sin importar los problemas que pueden causar ellos, o las personas cercanas a ellos.

La dirección en la que las búsquedas de Venus para la gratificación puede depender de si se trata de la carta de un hombre o mujer, y la influencia de la constelación es pulg La colocación del sol o la luna en la carta natal se muestran las direcciones de otros cómo Venus va a expandir sus tentáculos para engullir el resto del potencial de los gráficos.

En carta de una mujer, cualquiera que sea la casa del sol reside en, es donde su Venus se verá para la gratificación sexual. En la carta del varón, será allí donde reside la luna.

Si los deseos sexuales, y los deseos se mantienen bajo control, los efectos de Venus puede tener lugar en otras formas. Tales como comer en exceso, a menudo una herramienta utilizada para hacerse menos atractiva para el sexo opuesto, pero aumentando la necesidad real. O bien, los hambrientos de auto para lucir mejor. Tal vez el uso de alcohol o drogas, si un signo de agua habita en la cúspide de la casa primero. Mayoría de las veces el individuo se busque una solución que afecta el cuerpo físico de alguna manera, y se hará con el placer

de la mente.

Los antojos producidos a causa de una primera casa, Venus, será evidente cuando una persona se despierta en la mañana y sólo terminará cuando se van a dormir por la noche. Cuando la adicción es a la comida o la bebida, es todo lo que piensa, si se trata de sexo, la misma condición es verdadera.

La inquietud puede ser abrumador. Esta primera casa del cuerpo físico puede causar la adicción a cualquier cosa que pueda dar placer a la persona. No importa lo que la adicción se compone de, o si es bueno o malo para una persona. Incluso la edad tiene poco efecto, porque el cuerpo comienza a disminuir, como sucede con una persona mayor, la mente no lo hace.

Se hace pasar, una persona tiene a Venus en la primera casa, y la lucha que ellos, sino aprender a silenciar la condición. Sin embargo, la adición a menudo se muestran en alguna otra forma.

Venus en Aries en la Primera Casa
Esto puede muy bien ser el amante más asertiva.
Uno que llevará a cabo su compañero de juegos
original, con la vigilancia. Esto no va a ser una
persona tímida, si es su deseo de ser, debes
estar al tanto de su interés en ti. Sin embargo, no
van a perder mucho tiempo en una búsqueda que
parece estar falto de interés mutuo. Este, es un
amante de ocupados, que salta en una relación
rápida, y puede buscar otro amante de la misma rapidez.

Venus en Escorpio en la Primera Casa
Sin duda, usted ha oído hablar de la ninfómana,
Bueno, la primera casa de cuerpo físico, es
donde la Venus de esa persona es probable que
se encuentre. Venus en Escorpio es bastante
malo, pero en la primera casa, puede ser
insaciable. Si decide pasar un tiempo con esta
persona, tenga en cuenta la mayor parte de ella
puede ser gastado en la cama, o algo que sirve al
mismo propósito. Si elige esta amante, y se
equivocaron al hacer eso, usted se encontrará
fuera de tu liga. Este es un amante fuerte e intenso.

Venus en Capricornio en la Primera Casa
Como este es un signo solar muy social, pero los
asuntos de amor con esa persona tendrá que ser
muy discreto. Se trata de alguien que no sólo
quiere su parte del pastel, y ayudar a un segundo,
tal vez incluso una tercera. Es decir, las
relaciones fuera de sus compromisos domésticos
normales pueden, ya menudo, suceden. Puede
haber más de uno va al mismo tiempo.

Cuando están listos para hacer el amor nada más importa.

Venus en Acuario en la Primera Casa
Venus en Acuario es el último de estos cuatro signos más pesados ??sexuales del zodíaco. Aries, Escorpio, Capricornio y Acuario. Con el acuario que es un libre pensador, y alguien que piensa que todo el mundo merece un trato igual como se dan los demás. Y, sí, se dan a los amantes. Pero no a otra persona simplemente, podría ser que todos ellos toman una fantasía también.

VENUS EN LA CASA DE TERCERA

La ubicación de esta casa de Venus, puede mostrar un amor por los viajes y la comunicación, tales como escribir novelas o cuentos. También incluirá una variedad de individuos en la vida el amor de esta persona. Las experiencias amorosas podría provenir de sus viajes por el extranjero, o en casa. Esta es la casa regida por Géminis, por lo tanto, la dualidad. En este caso, la dualidad puede tomar su placer de varias fuentes.

La vida de la casa del amor tercero puede ser muy cerca de casa, y muy personal, que es donde los hermanos y hermanas entran en juego. Sí, que incluye a hermanos y hermanas adoptados, incluso los primos. Las reglas de la casa terceros parientes, y con Venus en la tercera casa también puede dar lugar a una atención no deseada de un padrastro o madrastra. Fuera de la vida personal en el hogar, el efecto de Venus puede incluir relaciones amorosas con un conocido, como un vecino.

Las personas con Venus en la tercera casa también son muy buenos para hablar sobre el sexo, y puede estar con nadie. Persona a persona, por teléfono, a través de Internet, o lo que sea. Estas son las personas que pueden agitar las emociones sexuales fácilmente con la palabra hablada, y lo hacen con ofender al sexo opuesto.

VENUS EN LA DUODÉCIMA CASA

La duodécima casa de la ubicación de Venus se refiere a las cosas ocultas, cosas que se mantienen ocultos por las personas involucradas, como ser infiel a su pareja, pero puede ir mucho más profundo que eso.

El problema más frecuentemente encontrado es que por alguna razón, nosotros, como individuos, no puede mantener la boca cerrada. Si tenemos unos amores secretos vamos a decirle a alguien de algo, entonces nuestra vida amorosa desconocida pronto será conocido por otra persona, y por supuesto que no se detiene allí. El orgullo en nuestra capacidad para atraer al sexo opuesto, puede ser costoso.

Con amores secretos, las personas involucradas se enfrentan a un flujo constante de mentiras, y el temor de ser descubierto, y por supuesto ser descubierto es generalmente el resultado final. En cierto sentido, los participantes suelen informar sobre sí mismos. Amores traer problemas de esta posición de Venus, a veces el peligro es también muy cerca.

Se requiere un entendimiento inusual entre los dos amantes para evitar una caída social grave. Un conocimiento seguro entre ellos de que esta cosa que tienen a es estrictamente un asunto, y nada más. Que no hay un plan a largo plazo para divorciarse de sus parejas actuales, y en última instancia a casarse entre sí. Aunque esto, sucede.

El éxito de Venus en el asunto de la casa del amor duodécimo se lleva a cabo en el entendimiento de que ambos saben que esto es para la diversión de disfrutar de un amante distinto para la época. Al final, la historia de amor secreta causada por Venus se coloca en la duodécima casa llegará a su fin. Si se trata de una historia de amor controlado, como se mencionó anteriormente, va a terminar sin que la infelicidad total, y la destrucción de dos familias enteras.

Una última cosa a considerar como una maldición de Venus en esta casa, es que la prostitución puede hacerse cargo de la vida amorosa, y dirigir al individuo en un nuevo estilo de vida. Por supuesto, esto trae muchas situaciones infelices a soportar, y las enfermedades que se pueden contagiar a lo largo puede ser sólo la punta del iceberg. Aquellos que disfrutan de la esclavitud y el masoquismo, a menudo tienen a Venus en esta casa, o un sufrimiento de alguna manera, algo que no se saca a la luz pública. Este estilo de vida, cuando uno se ve atrapado en ella, en verdad puede ser una maldición.

VENUS EN LA QUINTA CASA

Esta es la casa que las reglas de amar, es también la casa de los niños, su propio, o aquellos que se adopte. También es la casa de los romances, con su cónyuge o con otra persona. Lo has adivinado, esto puede ser la casa de la promiscuidad. Un problema personal que puede durar toda la vida. Una persona con Venus aquí se puede luchar contra la tendencia, pero, dependiendo del signo de Venus se encuentra en el momento del nacimiento, puede ser una batalla perdida.

Esta posición de la casa de Venus trae consigo una gran cantidad de eventos sociales en curso. Hay una tendencia a jugar, o para tener posibilidades de algún tipo. Los amantes pueden provenir de esta casa, así como todo tipo de placeres sensuales. La sexualidad es plenamente disfrutado por esta persona y que puede implicar relaciones sexuales en, o fuera de la casa.

VENUS EN LA CASA DE SEGUNDA

Venus indica un disfrute para cualquier casa, o firmar pulg Como es la segunda casa es el dinero, el disfrute será para el bienestar financiero. Esto puede ser una unidad de personal que puede molestar a otros miembros de la familia. Lo hará por la unidad para obtener lo que sea que quieren los asuntos tanto para el individuo que puede consumir.

Probablemente la cosa más importante para este tipo de persona, es la libertad monetaria se sabe que existe. No importa la forma en que se produce, esta persona lo quiere para sí mismos. Esta, es una persona que puede casarse sólo para disfrutar de la riqueza de la pareja conyugal, la importancia aquí está en las posesiones materiales. Ya se trate de casas, coches, o cualquier otra cosa de valor. ¿Esta persona disfrutar de ella, usted puede apostar que va a tratar? ¿Alguien con esta posición de Venus ser rico, tal vez, pero, probablemente no.

Lo más probable es que una vez que obtienen los medios económicos para hacerlo, como ellos quieren, no lo van a regalar a nadie a propósito. Esta libertad financiera puede concretarse a través de sus esfuerzos personales, o podría apenas como fácilmente provienen de la muerte de un socio, la empresa o civil.

Usted puede pensar de alguien con este tipo de perspectiva como una persona fría y calculadora, pero esto no es necesariamente el caso. En la segunda casa es a menudo considerado como una casa de un estímulo sexual también.

VENUS EN LA CASA DE CUARTA

La cuarta casa es una Venus de interés, ya que cubre algunas partidas extraordinarias, pero sobre todo se trata de la casa, y la vida en el hogar. Se refiere a la casa personal de los individuos, o de fincas de la familia. Con Venus aquí, las condiciones de vida se reflejan los placeres que más disfruta el propietario. Entre otras cosas, habrá un área, en algún lugar de la casa, que mantiene alguno de los secretos personales, o las pertenencias de sus ocupantes, los mantiene con seguridad escondido. Venus en esta casa puede indicar las pérdidas causadas por las pérdidas de una historia de amor que ha terminado mal. Estos asuntos de amor, puede haber sido un asunto inestable en el comienzo, ya que esta posición de Venus se encuentra con extraños sucesos en el amor y el matrimonio.

Pensamientos íntimos de esta persona y preocupaciones, puede reflejar el hecho de que se sienten a cualquier persona mayor en su familia, se debe permitir a vivir en la casa con la familia más joven. Esto podría ser desde ya una tía o un tío, a nuestros padres y por lo menos, los ancianos miembros de la familia. Las condiciones de vida de la persona mayor va a ser mejorado en gran medida por esta relación.

VENUS EN LA SEXTA CASA

Venus en la sexta casa puede traer un descubrimiento y el disfrute de hacer las cosas por los demás. A menudo, hasta el punto de la auto-negación. Es algo que la auto-negación consciente de los deseos individuales, por supuesto que no, pero esta persona es alguien que piensa en las necesidades de los demás. Esta, es una persona que piensa que los demás necesitan ayuda antes de que tengan en torno a hacer las cosas por sí mismos. Es posible que vea indicios de que piensen de esta manera y no lo reconoce de inmediato. Por ejemplo, un abuelo que vive con un ingreso fijo. La mayoría de las veces apenas pueden pagar sus gastos de vivienda propia, y sus medicamentos ejercen una presión enorme en su cuenta bancaria, si tienen uno. Sin embargo, si hay un nieto en la necesidad de un par de zapatos, el niño va a tener. No importa cuántas comidas el costo de los zapatos pueden haber proporcionado a los abuelos.

Si no es a sus nietos que están gastando su dinero, que podría fácilmente ser animales, grandes o pequeños. Los animales estarán en mal estado, al igual que si fueran nietos. Herraduras nuevas versiones de los caballos, disparos de los gatos o perros. Un gato o un perro tendrá una cama muy lujoso para dormir, aunque rara vez lo utilizan para ese fin. Cualquiera que sea emocional proyecto, es decir, que chupa la sangre lejos de esta persona, que podrán disfrutar de las comodidades de amor.

Más aún en los jóvenes que en los últimos años, con Venus en esta casa enfermedades de transmisión sexual pueden tener que ser considerado, y tratar en algún momento en la vida. Por supuesto, puede ser costoso a sufrir esta enfermedad, tal vez lo más alto costo de un matrimonio.

VENUS EN LA SÉPTIMA CASA

Venus hace amigos "donde quiera que resida en el momento de su nacimiento. Cuando Venus se encuentra en la séptima casa, que lleva a cabo alianzas que resultan en extrañas circunstancias. Las relaciones pueden estar entre amigas y amigos, los hombres, o tal vez es sólo el afecto conyugal entre dos personas, en lugar de una apasionada historia de amor entre los novios.

Algo en que pensar es el hecho de que cuando Venus está en la séptima casa es también en la oposición a la primera casa, que representa a la persona a la que pertenece la tabla. Esto equivale a, es que la persona puede trabajar en contra de sí mismos por involucrarse en relaciones amorosas que pueden no ser bueno para ellos. Si usted está involucrado en uno de estos tipos de relaciones, tener cuidado en cómo la compañía parte de ti, como Venus en esta casa puede dar lugar a enemigos personales en el largo plazo.

Las relaciones secretas entre dos amantes, dará lugar a menudo en el divorcio entre ellos y sus compañeros conyugales. Muy a menudo, esto se hará para cambiar los socios de la vida, en lugar de divorciarse para satisfacer la ira de la pareja actual.

Este tipo de relación puede dar lugar a un divorcio que llama la cónyuge con la guardia baja. La sorpresa viene porque el cónyuge puede haber sentido todo estaba bien en su relación personal. La nueva relación puede comenzar con un encuentro casual simple que implica un perfecto desconocido, sin embargo, una reunión que florece y crece mucho más lejos y más rápido, lo que se esperaba.

VENUS EN LA OCTAVA CASA

Los problemas causados ??por Venus en esta casa dependerá en gran medida en la que es signo de Venus in Como se trata de la casa que rige los órganos sexuales, es una casa de fuerte contenido sexual, para empezar. A continuación, se agrega una gran Venus, como Venus en Aries, Escorpio o Capricornio, y tiene una potencia a tener en cuenta.

La octava casa también gobierna el fin de las cosas y pueden contribuir a la terminación de las relaciones, de pareja o de negocios. Alguien con Venus en la octava casa puede terminar pagando la pensión alimenticia desde hace años a causa de las infidelidades a partir de una relación sexual. Hay un lado a Venus estar en esta casa que a menudo se pasa por alto. Unos aman la vida puede llegar a su fin aquí. Puede ser simplemente un factor de la edad. O un lado más duro puede resultar en que alguien es estar en una relación donde la pareja, simplemente deja de participar en el acto sexual. También puede indicar a alguien a quien le resulta difícil disfrutar del sexo.

El tipo de relaciones que pueden formarse a partir de esta posición de Venus será a menudo con amigos del pasado parte de su vida. Tal vez alguien le eran tan íntimo con una persona más joven de repente aparece, y que se reúnen para el almuerzo o la cena.

213

La primera cosa que usted sabe que está desayunando juntos, así que ver a dónde va esto.

VENUS EN LA NOVENA CASA

Esto no es una casa de altos necesidades sexuales, pero con Venus que reside aquí en la carta natal, puede ser una maldición que no por ello menos. Venus en esta casa puede traer el amor a viajar, y no sólo por el barrio. Países y continentes sí. Esta exploración puede ser disfrazada como algo que conduce a una educación superior, o puede ser que la persona sólo le gusta viajar.

Esta condición puede traer consigo algunos amores extraños, o en secreto. El problema surge cuando el efecto de cambio de Venus, afecta a la vida familiar, ya que esta persona nunca está en casa para cuidar de su vida amorosa en casa. Siendo este el caso, mientras que se han ido, a sus seres queridos se puede hacer un poco de explorar por su cuenta. ¿Buscas a alguien, que será de alrededor de por las tardes y fines de semana. No tiene por qué ser un viajero que nunca está en casa, que podría fácilmente ser una persona que estudia en una base continua.

A modo de ejemplo, podría ser alguien que está empezando una carrera en los círculos jurídicos. Los abogados son conocidos por pasar horas interminables en la oficina, todo en nombre de la profesión, y su carrera. No tiene por qué ser un estudiante de Derecho, pero puede ser cualquier forma de educación superior. Una ciencia de algún tipo, tal vez incluso el de un profesor que se pasa horas la corrección de pruebas, o conseguir el material listo para la próxima clase el curso siguiente y los estudiantes.

Venus en la décima casa

La décima casa es Venus, o puede ser, otra forma de promiscuidad. La carrera o profesión se lleva a cabo en primer lugar, entonces la familia puede venir a continuación. La ambición de progreso es caro en los términos de la vida amorosa de los. Todo parece indicar que será un asunto de la oficina, estos también pueden ser costosos de alguna manera. Usted tiene que pagar el precio con el tiempo, es sólo una cuestión de qué es lo que quiere mantener a la familia o la carrera de la. Si las recompensas de la profesión puede dar lugar a la fama, la familia puede tener que esperar, ya que el centro de atención es difícil darle la espalda.

La vida puede ser difícil en este tipo de individuo, porque piensan que sus compañeros no los entienden. Es esta persona, que tiene que recuperar su mente en cuanto a sus metas en la vida, y sus costos para ellos personalmente.

VENUS EN LA UNDÉCIMA CASA

Venus, aquí es rara vez un problema, a menos que la propia pareja sufre de negligencia emocional, como la falta de un compañero cariñoso hace tomar un peaje. Podría ser que esta es una persona que da todo su amor a los niños. Tal vez conocidos personales, u otros compañeros de amistad, en lugar de dárselo a su propio compañero. Esto también puede ser el compañero que crea problemas de amor en el matrimonio. Tal vez sea simplemente porque carecen de los conocimientos necesarios para averiguar lo que necesita su propio compañero en el camino del amor, y, o los afectos. No es raro que alguien con Venus en la undécima casa para casarse en una familia ya hecha.

PROBLEMAS DE PLANETAS EN
LA SÉPTIMA CASA

Los planetas que se discuten en esta parte no necesariamente causan problemas solos, pero cuando se combina con las condiciones de otros planetas, pueden crear problemas en la vida de alguien. Se trata de enfermedades causadas por otros planetas en la carta a los planetas en la séptima casa que son de importancia. Uno de los problemas de los planetas en la séptima casa es que usted no puede ver los efectos severos del planeta, hasta después de casarse, o formar una sociedad de algún tipo con estas personas. Si usted debe terminar con una pareja que tiene una de estas condiciones en su carta, puede parecer una situación maldita.

A veces los mayores problemas que surgen de los planetas situados en las primeras casas o doce. La primera casa, ya que afecta el lado personal del individuo, así como el físico. La duodécima casa, ya que pone de manifiesto las cosas ocultas. Estas cosas ocultas puede producir influencias dramáticas en cualquier relación.

Dom

El Sol en la séptima casa puede producir un socio que puede ser dominante. Tal vez incluso egoísta, o demasiado extravagante en su estilo de vida. Si te casas con alguien que tiene el Sol en la séptima casa como un paso hacia una posición social más alta, puede ser un paso muy caro. Una persona que tiene el Sol en la séptima casa no puede casarse hasta más tarde en la vida, esto ocurre a menudo debido a los fuegos que queman en su interior. Un sentimiento puede residir en esta persona que les impide sentarse a un estilo de vida determinado.

LUNA

Las relaciones de la Luna y los otros planetas en la carta son de importancia. Si elige a alguien con la Luna en la séptima casa, usted puede encontrarse con un compañero de mal humor. Esto también puede ser un socio, que posiblemente se apartan de la cama matrimonial. La Luna en esta casa de un horóscopo no indica un matrimonio exitoso la primera vez. El segundo matrimonio tendrá una mejor oportunidad de supervivencia.

Esta es una posición de la Luna bueno para uno de los padres con niños en el hogar, pero puede hacer que la asociación en un verdadero problema. Esto también puede llevar a un compañero que es codicioso y listo para tomar cualquier cosa a su alcance. Como el gobernante de el signo de Cáncer Sol, la Luna puede traer un socio en su vida, que regaña que una gran cantidad de tiempo. Tal vez uno que insiste en que está de acuerdo con su línea de pensamiento. A menudo, un socio en este tipo de relación va a ceder, sólo para mantener la paz.

EL MERCURIO

Recuerde que este es el planeta de la comunicación que estamos discutiendo aquí, y con este planeta en la séptima casa, se puede producir un socio que es hablador y coqueta. Sin embargo, su mente se mantendrá fiel al matrimonio, y al cónyuge. Mercurio en esta casa se puede producir un compañero que es más joven, tal vez incluso un familiar lejano, o un amigo de la escuela más allá. Cualquiera de estas condiciones traerá su influencia parientes en la familia también.

Si usted tiene Mercurio en esta casa y si la relación planetaria de Mercurio es dura, es posible que tienden a atraer a un socio que está constantemente hablando, o regañar.

Tome su decisión antes de la unión se lleva a cabo, como Mercurio en esta posición puede producir una relación en constante riñas, peleas o es un lugar común. Si esas mismas condiciones que existen y causan problemas, y debe divorciarse de empezar a tomar su lugar, usted, como el cónyuge, puede que desee proteger su cuenta bancaria. Se podría desaparecer rápidamente si se deja sin vigilancia.

VENUS

Si Venus tiene buenas relaciones con los otros planetas, mientras que en esta casa, será una muy buena indicación de una relación cálida y amorosa. Si no es así, puede traer a un compañero decepcionante en su vida. Entre otras cosas esto no puede ser un tipo de persona limpia y ordenada. Si Venus se encuentra en uno de los signos de fuego, Aries, Leo o Sagitario, puede traer consigo una pareja que tiene una visión imparcial hacia el matrimonio. En el caso de Leo, que puede ser el mejor de los signos de fuego de Venus para estar, en la séptima casa. Venus en Aries puede ser un compañero que requiere de un compañero de mantenerse al día con o satisfacer sus necesidades sexuales. Venus en Piscis, Cáncer o Tauro, en la séptima casa, pueden ser los mejores signos astrológicos para la compatibilidad en el matrimonio.

MARS

El planeta Marte en la séptima casa puede dar lugar a relaciones amorosas espontáneas e irregulares. Marte en esta casa también puede dar lugar a discusiones, tal vez, incluso, accidentes o interrupciones de ningún tipo. En pocas palabras, esto no es un planeta bueno tener en la séptima casa.

Marte aquí puede atraer a un socio de ustedes que puede parecer ideal, pero más a menudo de Marte lleva consigo un peligro para la persona que tiene Marte en la séptima casa.

Si Marte está en un signo de agua en tu casa séptima personal, puede ser alguien que está en constante atención a los socios que beben en exceso. Si este es el caso en su carta natal, es posible que el que se ha oído decir: "¿Por qué siempre elige este tipo." Bueno Marte en un signo de agua es la razón, y se parece como un problema constante y la auto-realización debe llevarse a cabo.

JUPITER

Como regla general, con Júpiter en la séptima casa, civil o parto que trae cierta capacidad de proteger al individuo, y el matrimonio. Sin embargo, si Júpiter no está bien ubicado, con respectos a los otros planetas, se puede lograr no sólo la mala suerte, pero en algunos casos, la mala suerte tremenda. Júpiter, a menudo permiten que el individuo elija la pareja equivocada de su vida. También puede indicar a alguien que tiene numerosos asuntos del corazón, antes, durante y después del matrimonio.

SATURNO

Esto puede ser un problema para el planeta, cualquier asociación séptima casa. Saturno en esta casa, se puede, ya menudo lo hace, provocará la pérdida de un compañero, tal vez incluso negar el matrimonio desde hace algunos años. Una reacción normal en la vida es que cuando Saturno se encuentra en la séptima casa de la carta natal, la que provoca un matrimonio entre dos personas que tienen una gran diferencia en las edades entre ellos. Diez años es bastante común, y las diferencias de veinte años de que puede suceder así. A menudo, esto es sólo un problema si la diferencia de edad provoca un fin de los problemas de la vida de la pareja abandonado a su suerte para él, o ella misma.

Puede tan fácilmente traer una unión marital en la que uno de los socios es de una naturaleza fría. Si este es el caso, el uno con el Saturno natal en la séptima casa, debe pensar en conseguir un divorcio. Buena suerte si este es el caso, porque, lo que puede ser un cónyuge que se niega, por una razón u otra, de acuerdo a un divorcio.

URANO

Uno de los peligros de tener Urano en la séptima casa es la extraña circunstancia, o inusitada en torno a la pareja pueda elegir. Urano en esta casa realmente no favorecen el matrimonio, pues genera una cierta necesidad de la libertad de las restricciones de ningún tipo. Aunque el socio elegido suele ser superior a la media en inteligencia, y puede comprender las necesidades del otro. Este planeta es más favorable al matrimonio cuando se coloca en la séptima casa de una mujer en lugar de un hombre, porque en la carta de un hombre que puede aportar la posibilidad de la homosexualidad. Si Urano no está en armonía con los demás planetas, se puede esperar que el matrimonio se separan, y por qué iba alguien a permanecer juntos, cuando ninguno de ellos puede ser feliz?

NEPTUNO

¿Esta persona es feliz en su matrimonio? Puede parecer que a los demás, pero estamos tratando con Neptuno aquí. Las probabilidades son, habrá un poco de insatisfacción en el matrimonio, si las condiciones que causan los problemas son reales o imaginados. Este es el planeta del engaño, y que puede producir un cónyuge que puede parecer desconocido, incluso para el mate. La verdadera persona con esta posición de Neptuno no puede ser verdaderamente conocido a sus compañeros, o cualquier otra persona. No es inusual para este cónyuge a abandonar el matrimonio sin ninguna explicación, ni aviso previo. El viejo refrán de "Hoy aquí, mañana no," puede caber fácilmente esta posición de Neptuno.

La persona con Neptuno en la casa siete, es a menudo alguien que sí se sacrifica por el compañero, por lo menos que puede ser su forma de ver la situación. Su pareja puede ser alguien que se compadeció, tal vez tiene que ser atendido a través de los años, incluso encerrado en algún lugar. Cuando el tipo equivocado de se contraiga matrimonio, puede ser una pérdida total. Normalmente, este matrimonio va a terminar, y con razón.

PLUTÓN

Plutón, por lo general muestra una necesidad, así que cuando usted encuentra a alguien con Plutón en la casa séptima, indica que una persona necesita un compañero de su vida. Con Plutón en esta casa, se puede llevar a alguien en la relación que parece sensual en su propia naturaleza. Plutón en esta casa se puede cambiar a un compañero de un palo en el barro, a un amante erótico. Plutón es un planeta que trae cambios, y en general para mejor.

LOS AMANTES DE LA CASA

sexto y decimosegundo

Los signos astrológicos que se encuentran en las cúspides de las casas sexta y duodécima de un gráfico, son buenos o malos, dependiendo de cómo o cuando comienzan a afectar la vida de personas. Ambas casas sexta y duodécima de las casas son restrictivas, por lo que ambos signos solares que caen en estas cúspides de las casas pueden ser señales restrictivas a la nativa. En general, las relaciones con las personas de estos signos son un problema desde el principio, aunque en ese momento uno no puede pensar en ellos como tales. Pero una vez que se cruza alguna línea, y sólo ellos saben dónde está, todo el infierno se puede desprender. Como regla general se trata de dos signos solares a una persona no debe involucrarse en relaciones a largo plazo. A corto plazo, las asociaciones pueden trabajar, pero no apostaría por ello.

Mira a tu carta personal, y recuerda que las comunicaciones entre usted y las personas que son de los signos solares que se encuentran en sus casas sexta y duodécima, pueden ser mal interpretado. Tal vez incluso sin motivo de incumplimiento, cualquiera de ellos puede causar problemas complicados después. La mayor parte del tiempo de una relación íntima con uno de los signos solares que se encuentran en la duodécima casa que normalmente no se sabe sobre, ya que serán las relaciones ocultas desde el principio. Los problemas que pueden ser causados ??no son abiertamente conocidos por muchos de quienes están familiarizados con las dos personas involucradas. Pero pueden surgir complicaciones que se exigen de alguna manera.

El cartel de la sexta casa puede causar problemas también, pero estas relaciones se vienen ante los ojos del público de alguna manera. Se podría pensar que los problemas causados ??por el signo en la duodécima casa sería visto por el público también, pero este no es el caso. Sin embargo, el signo en la sexta casa parece exigir cierta atención del público.

ASPECTOS

Al perseguir a alguien de su elección, aspectos va a ser algo a considerar. Por ejemplo, cuando un planeta está en la primera casa, que está en su posición más poderosa si está dentro de los diez primeros grados de la cúspide de la casa primero. Cuando se trata de Venus debe tener en cuenta el signo se encuentra y la intensidad de ese signo. Si no es un signo altamente sexual de Venus y de intentar hacerse deseable que esta persona, puede estar perdiendo su tiempo si usted elige un mal momento para acercarse a ellos.

La Luna es el planeta con mayor frecuencia de disparo que pone en movimiento. La información que yo estoy diciendo aquí es cuando la luna está haciendo los aspectos a Venus, o de cualquier planeta, para el caso. Los aspectos de la semi-sextil, la equidistancia, semi-cuadrado, cuadrado, y la conjunción de, no siempre parecen funcionar bien y para su ventaja. La oposición puede ser fructífera, pero no cuentes con ello. El aspecto más efectiva de usar es cuando la luna está en trígono con Venus en la primera casa.

El trígono se encuentra mejor que el de la quinta casa del amor. Al utilizar los aspectos de la luna de un planeta se debe recordar la luna viaja rápido por lo que no puede perder tiempo para tomar una decisión acerca de la persecución. Ya sea que usted va adelante con su elección, o que no lo son.

Puedes buscar estos títulos en español en el futuro.

Publicaciones Picazón en los pies
mgn.editor @ gmail.com
Otros libros escritos por Donald Boone

La felicidad sexual
La felicidad sexual es una de las cosas más importantes que suceden en su vida. Este libro está diseñado para ayudarle a buscar a la persona correcta para tener en su vida. Este tipo de búsqueda es raramente preformado, pero debería ser el caso en todas las relaciones. Sé honesto contigo mismo acerca de sus propias necesidades, a continuación, utilizar este libro para encontrar el mejor amante para llenar su propia vida.

ELECCIÓN DE LOS AMANTES
¿Por qué gastar año con el amante equivocado. Encuentra el que mejor se adapte a sus necesidades y disfrutar de la libertad del hambre sexual.

Lost Island

A causa de sus creencias acerca de quienes detentan el poder, y de la iglesia, que había estado prohibido para vivir una vida en el mar. Después de cuatro años de no pisar tierra, él tomó la oportunidad de escapar. Él había esperado dos años para obtener cerca de esta isla perdió de nuevo. Una isla que él ni siquiera sabía si podría sobrevivir en ella, pero la sensación de que era mejor que su vida actual. El soborno y el bote del capitán le ayudó a escapar de la nave, pero sólo para encontrarse a sí mismo luchando por su vida en una violenta tormenta en el mar. Para asombro se escondió, la isla se convirtió en un lugar de refugio, y uno de placer. Un lugar desconocido para el resto del mundo.

Viviendo a bordo de PROYECTOS

Traslado a bordo de un barco es cuando se ve que hay cosas que necesitan ser cambiadas para hacer la vida a bordo de una mejor y más cómodo. Este libro cuenta con 43 proyectos, además de otra información útil que le sea de interés para ayudar a su servidumbre a la vida a bordo, y aquellos que podrían estar con ustedes.

IMPACTO

Los meteoros se han rondando la humanidad desde el principio de la humanidad, y todavía lo hacen. Esta historia es acerca de uno de esos cuerpos celestes que no se pierda la tierra en su camino alrededor de nuestro sol. Al igual que los meteoritos en el pasado, los daños que causa cuando se golpea la superficie de la tierra, es devastador. Sin embargo, muchos sobreviven y esta historia es acerca de cómo un grupo se reunió para pasar por el peor de los afectos.

HISTORIAS DE AJEDREZ Y MISTERIOS

Las historias que leerás en este libro tienen, por regla general, una cierta línea de la historia en cuestión. Así que hacer un recorrido por el pasado y pretender que estaban allí.

CICLOS Y RITMOS DE INTRIGA

La mayor parte de la vida, si no todo, contiene ciclos. Desde el nacimiento de cualquier caso, se encuentra su ritmo natural y siga a la
final. ¿Es la vida destinado, leer la respuesta en este libro.

EL ENTRENADOR DE AJEDREZ

Convertirse en uno es fácil, y puede ser muy gratificante. Si usted juega el juego y tienen tiempo en sus manos, tenga en cuenta convertirse en un entrenador de ajedrez.

EL PILOTO DEL MAR

En esta era de los buques de vela, ya no vela el miedo sobre el borde del mundo plano, y encontrar nuestro camino con la brújula y el cronómetro. Esto no era así que cuando tuvo lugar la historia.

HISTORIAS DE AJEDREZ A TRAVÉS DE LOS SIGLOS

Este libro, 'Historias de ajedrez con las edades ", contiene historias que se han transmitido de generación en generación al lado largo de la historia. De por qué los blancos se mueve en primer lugar, y una historia desconocida de "Helena de Troya, se encuentra en:" El Caballo de Troya sacrificado.

Los que juegan AJEDREZ

Saber que tu oponente juega al ajedrez, las piezas de sus favoritos y sus peculiaridades, son definitivamente una ventaja para usted en este juego. Sobre todo si juegas en los torneos. Este libro le proporcionará información sobre ellos como individuos, y la de sus personalidades. También encontrarás la lista de jugadores históricos con el mismo tipo de individualismo y personalidades para ayudar a guiar a usted en su defensa en la mesa.

El juego de ajedrez
Después de haber perdido una gran suma de dinero del premio, debido a un descuido en un juego de ajedrez del campeonato, se convirtió en un asesino en venganza. Él lo explicó a sus oponentes durante su matanza. Usted verá la conexión al leer esta historia.

BIENVENIDO A BORDO

Cuando aquellos que han vivido cerca del agua, y el día llega a su fin, es hora de relajarse. Si ellos están mintiendo en un nacimiento en V, o sobre un cojín en la cabina de un barco. Tal vez incluso una cama de tierra. No importa ya que con frecuencia tienen una gran cantidad de tiempo. Para llenar el tiempo que leen y dejar que las historias se desarrollan en su mente de que las horas pasan. Este libro se compone de historias que tienen lugar en este mundo. Un lugar donde te encuentras con la vida en sus términos.